Malte Prietzel

Jeanne d'Arc

Malte Prietzel

Jeanne d'Arc

Das Leben einer Legende

HERDER

FREIBURG · BASEL · WIEN

MIX
Papier aus verantwortungsvollen Quellen
FSC® C106847
www.fsc.org

www.herder.de

Satz: Barbara Herrmann, Freiburg
Herstellung: fgb · freiburger graphische betriebe
www.fgb.de

Printed in Germany

ISBN 978-3-451-30414-9

Inhaltsverzeichnis

Einleitung

Seit Jeanne d'Arc 1429 in Chinon ihrem König erklärte, sie werde seine Feinde besiegen, sind die Menschen von ihr fasziniert. Viele Zeitgenossen interessierten sich für ihre Taten, einige schrieben darüber. Historiker gaben diese Texte und andere Quellen bereits im 19. Jahrhundert heraus. Die Zahl der wissenschaftlichen Studien und der populären Darstellungen ist inzwischen nicht mehr zu übersehen und auch Theaterstücke und Filme behandeln ihr Leben.

Dank der wissenschaftlichen Bemühungen sind viele Fakten über Jeanne d'Arcs Leben bekannt, über die man sich heute weitgehend einig ist und über die auch für die Zeitgenossen kaum ein Zweifel bestand. Zum Beispiel sind ihr Name, ihr Herkunftsort, ihre Aufenthaltsorte an recht vielen Tagen unumstritten. Diese Fakten sind wichtig, aber sie betreffen nur den äußerlichen Ablauf ihres Lebens. Sie lassen erkennen, was sie tat, aber nicht, warum sie es tat. Schon gar nicht erklären sie, warum Jeanne d'Arcs Handlungen so große Wirkung entfalten konnten.

Denn entscheidend für ihre Wirkung war und ist es, wie die Menschen im fünfzehnten Jahrhundert die Taten dieser jungen Frau interpretierten. Wenn Jeanne d'Arc vor Orléans die französischen Truppen mit ihren Worten und ihrem Beispiel anfeuerte, dann hatte sie nicht deswegen Erfolg, weil sie flammende Worte rief oder weil sie mit ihrer Fahne voran lief. Ihre Wirkung beruhte darauf, dass ihre Soldaten in ihr eine Jungfrau sahen, die Gott auserwählt hatte, um Frankreich zu retten. Sie vertrauten darauf, dass ihre Worte und ihre Handlungen Ausdruck von Gottes Willen und Unterstützung waren.

Jeannes Feinde hingegen wollten nicht glauben, dass die Franzosen von Gott unterstützt wurden. Sie sahen in ihr eine Hure, eine Ketzerin, eine Zauberin, welche die göttlichen Gesetze übertrat und die menschlichen Sitten verletzte, indem sie sich zu Unrecht auf Gott berief, in den Krieg zog und Männerkleidung trug.

Beide Parteien verteidigten ihre Auffassungen, indem sie Schriften über Jeannes Taten verbreiteten. Dabei scheuten sie nicht davor zurück, bewusst Lügen und Halbwahrheiten zu verwenden. Auch mündlich wurde wiedergegeben, was man über Jeanne zu wissen meinte oder zu wissen vorgab. Je nachdem, was ein Autor oder ein Erzähler wusste und was ihm wichtig war, entstand ein je anderes Bild von Jeanne. Jeder hielt dabei sein eigenes Bild von dieser jungen Frau für wahr. So entstanden viele Bilder und viele Wahrheiten über Jeanne d'Arc. Alle zusammen beeinflussten ihr Leben. Nur wenn man diese Vielfalt von Meinungen berücksichtigt, kann man ihr Wirken und ihre Wirkung erklären.

Durch ihre Taten und Worte entstanden schließlich Mythen über Jeanne. Sie war nicht nur für ihre eigene Zeit bedeutsam, sondern wurde auch noch lange nach ihrem Tod als Projektionsfläche für unterschiedliche Interessen benutzt. Sie wurde stilisiert und idealisiert als Opfer der Kirche, als Heldin, die Frankreich rettete und für die Nation starb, als idealistische Streiterin für Gerechtigkeit. Diese Mythen beeinflussten auch die Darstellung Jeannes in der Geschichtswissenschaft und verstellen damit häufig den Blick auf die historischen Zusammenhänge.

Jeannes Leben ist auch deswegen schwer zu erfassen, weil gerade die spannendsten Quellen, die Akten der Prozesse von 1431 und 1456, schwierig zu interpretieren sind. Als Jeanne 1431 in Rouen vor Gericht gestellt wurde, hielt man ihre Verhöre in Protokollen fest. Wie es üblich ist, stellten die Richter Fragen und legten dadurch fest, über welche Themen überhaupt gesprochen wurde. Da es um die Rechtgläubigkeit Jeannes ging, wurden Aspekte, die für die Beantwortung dieser Frage unergiebig waren, nur am Rande berührt. Außerdem konnte Jeanne während des Prozesses nicht einfach unbekümmert ihre Sicht der Dinge darlegen, denn sie wollte selbstredend eine Verurteilung vermeiden. Auch musste sie sich vorsehen, da die Richter versuchten, ihr Fallen zu stellen und den Sinn ihrer Aussagen zu verdrehen. Manchmal widersprachen sich Jeannes Angaben auch. Aus all diesen Gründen darf man nicht davon ausgehen, dass Jeanne immer die ganze Wahrheit sprach oder dass es ihren Richtern darauf ankam, diese ans Licht zu bringen.

Nach Jeannes Tod wurde auf Initiative des Königs ein Verfahren angestrengt, welches das Urteil gegen sie für ungültig erklären sollte. Im Verlauf dieses so genannten Rehabilitationsprozesses wurden im Jahr 1456 viele Zeugen vernommen, die Jeanne persönlich gekannt hatten. Ihre Aussagen bieten umfangreiches Material, auch zu Themen, über die man bei anderen historischen Figuren kaum etwas weiß. Doch ist bei dieser zweiten wichtigen Quelle zu beachten, dass die Zeugen erst 25 Jahre nach

Jeannes Tod befragt wurden. Manches hatten sie schlicht vergessen, in anderen Dingen war ihre Erinnerung nicht mehr zuverlässig. Dies zeigt sich daran, dass die Zeugen sich mitunter widersprachen. Außerdem wussten sie, was die Richter von ihnen hören wollten, und sie waren sich darüber im Klaren, dass hinter den Richtern die Macht des Königs stand. Manchmal dürften sie daher nicht genau das gesagt haben, was nach ihrer Erinnerung wahr war.

Trotz dieser Schwierigkeiten enthalten die Akten beider Prozesse, wenn sie umsichtig analysiert werden, eine Vielzahl von Hinweisen auf die Taten Jeanne d'Arcs und sie geben Einblick in ihr Denken. Dabei gilt für diese Prozessakten dasselbe wie für alle anderen Quellen: Durch die Betrachtung von Jeannes Leben gerät zwangsläufig immer auch die Weltsicht ihrer Zeitgenossen in den Blick, von den Auffassungen über Religion und Hexerei bis hin zur Frage, ob eine Frau Männerkleider tragen durfte. Jeannes Leben bietet damit aufschlussreiche Einsichten in ihre Zeit.

Kapitel 1

Eine Kindheit in Idylle und Krieg

Die Familie

Als Jeanne d'Arc in Domrémy geboren wurde, erfuhren dies die Bewohner des ganzen Dorfes und sicherlich auch einige Bekannte und Verwandte ihrer Familie in den Nachbarorten. Niemand aber hielt dieses Ereignis schriftlich fest, denn die wenigsten Dorfbewohner konnten lesen, geschweige denn schreiben. Die königliche Verwaltung und die Grundherren führten damals zwar Steuerlisten und Abgabenverzeichnisse, darin hielten sie aber im Allgemeinen lediglich die Familienvorstände fest, deren Frauen und Kinder aber wurden nicht aufgeführt. In Domrémy gab es auch kein Taufregister wie in einigen wenigen Pfarrkirchen zu jener Zeit.

Über Jeannes Kindheit und Jugend ist dennoch so viel bekannt, wie bei kaum einem anderen Menschen des Mittelalters. Die Akten des Verurteilungs- und vor allem des Rehabilitierungsprozesses ergeben ein lebhaftes Bild von Jeannes Leben in ihrem Heimatdorf.

Jeannes Geburtsjahr ist freilich nirgends angegeben. Es lässt sich aber recht plausibel errechnen, weil sie im Prozess von Rouen 1431 nach ihrem Alter gefragt wurde. Sie antwortete, sie sei „ungefähr 19 Jahre alt"[1]. Die Richter gaben sich mit dieser Antwort zufrieden, denn es war vor allem in den weitgehend schriftunkundigen bäuerlichen Schichten üblich, dass jemand nicht genau wusste, in welchem Jahr, geschweige denn an welchem Tag er geboren war. Da die Richter Jeannes Altersangabe nicht anzweifelten, muss sie ihnen plausibel erschienen sein. Auch weisen die Aussagen verschiedener Zeugen und Chronisten Jeanne ein ähnliches Alter wie das genannte zu. So kann man davon ausgehen, dass Jeanne d'Arc ungefähr im Jahr 1412 geboren wurde.

Jeannes Alter war in dem gegen sie geführten Prozess wichtig, weil festgestellt werden musste, ob sie bereits strafmündig war. Der genaue Tag ihrer Geburt war hingegen unerheblich und so fragten die Richter gar nicht erst danach. Ein Zeitgenosse Jeannes nennt den 5. Januar ohne Angabe eines Jahres als ihren Geburtstag.[2] Doch der Brief, in dem dieses Datum erwähnt ist, dient eindeutig dem Zweck, Jeannes Auftreten gegenüber dem Ausland ganz im Sinne des Königs von Frankreich darzustellen und er enthält nachweislich falsche und irreführende Angaben. Daher ist nicht zu entscheiden, ob das angeführte Geburtsdatum stimmt.

Jeannes Eltern, Jacques d'Arc und Isabelle Romée, zählten zu den besser gestellten Bauern, die man im Französisch der Zeit „laboureurs" nannte. Sie gehörten damit zur Oberschicht der ländlichen Bevölkerung, innerhalb derer es starke wirtschaftliche und soziale Unterschiede gab. Sie besaßen ein eigenes Zuggespann sowie ein eingeschossiges Steinhaus, das heute noch existiert.

Aufgrund seines ansehnlichen Besitzes verfügte Jeannes Vater Jacques über eine respektable soziale Stellung im Dorf und in der Umgebung. Von 1425 bis 1427 amtierte er als „Doyen" von Domrémy, was bedeutet, dass er von seinem Grundherrn, dem Herrn von Bourlémont, ausgewählt worden war, um an der Verwaltung des

Abb. 1: Jeannes Geburtshaus in Domrémy ist ein schlichtes Gebäude. Nur dank seiner berühmten Bewohnerin gehört es zu den „Historischen Monumenten“ Frankreichs, seit diese Kategorie des Denkmalschutzes 1840 eingeführt wurde.

Dorfes mitzuwirken. 1423 schloss er als Vertreter des Dorfes einen Vertrag mit einem Söldnerhauptmann und bewahrte damit sein Dorf vor Plünderung und Brandschatzung, allerdings nur gegen Zahlung einer Summe Geldes. Innerhalb seines Dorfes war Jacques d'Arc also ein recht wohlhabender und angesehener Mann. Aber das Dorf Domrémy war klein. Jacques' Besitz und seine soziale Stellung hätten schon in der nächsten Stadt niemanden beeindruckt.

Jacques und Isabelle hatten insgesamt fünf Kinder, die alle Heiligennamen erhielten. Jeanne hatte drei Brüder, Jacques, Jean und Pierre, sowie eine Schwester, Catherine. Alle diese Vornamen kamen im Frankreich des 15. Jahrhunderts häufig vor, insbesondere Jeanne war ein weit verbreiteter Name. Auch unter den Verwandten und Bekannten der Familie gab es mehrere Frauen dieses Namens. Vermutlich diente es wohl auch dazu, die verschiedenen Personen zu unterscheiden, wenn die Tochter von Jacques und Isabelle mit der Koseform Jeannette gerufen wurde. Erst als sie ihren Heimatort verließ, nannte man sie Jeanne.[3]

Als „Jeanne d'Arc" erscheint sie nur in zwei zeitgenössischen Texten, die rechtlich relevant waren und daher präzise und formgemäß den Vor- und den Nachnamen nannten. Es handelt sich um den Adelsbrief für die Familie von 1429 sowie die päpstliche Anordnung von 1455, den Prozess gegen Jeanne wieder aufzunehmen.[4] Alle anderen Texte, die über sie berichten, bezeichnen sie anders, meist als „Jeanne" oder als „die Jungfrau".

Das bedeutet jedoch keineswegs, dass „d'Arc" nicht Jeannes richtiger Nachname gewesen sei oder sie gar keine Tochter des lothringischen Bauernpaars Jacques und Isabelle gewesen sei, wie manchmal spekuliert wurde. Es zeigt sich daran nur, dass man mit Vornamen und mehr noch mit Familiennamen anders umging als heute.

Jeannes Mutter Isabelle wurde etwa nicht nach ihrem Mann „d'Arc", sondern nach ihrer Mutter „Romée" genannt. Denn wie Jeanne selbst angab, wurden in ihrer Heimat Frauen üblicherweise mit dem Nachnamen der Mutter bezeichnet.[5] Jeanne, ihr Vater und ihre Brüder aber wurden nie anders als „d'Arc" genannt, wenn ein Familienname genannt wurde.

Hinzu kommt, dass der Name d'Arc von den Zeitgenossen ganz unterschiedlich geschrieben wurde: Darc, Dars, Tarc, Tart, Day. Der jeweilige Schreiber notierte einfach, was er hörte. So schrieb er, wie es damals üblich war, die Kurzform der Präposition „de" und den eigentlichen Namen zusammen. Mitunter hörte der Schreiber auch lothringischen Dialekt und wusste damit wenig anzufangen. So erklärt sich die Form „Day", die „Daï" gesprochen wurde.

Jeanne wurde in der Pfarrkirche von Domrémy getauft,[6] wahrscheinlich schon kurz nach ihrer Geburt, wie es damals üblich war, denn die Kindersterblichkeit war hoch, und Ungetaufte kamen, so glaubte man, sofort in die Hölle. Verantwortungsvolle Bischöfe drängten darauf, dass Hebammen die Worte und Gesten des Taufritus kannten. Wenn sie ein Kind entbanden, das schwach war und bald zu sterben drohte, sollten sie eine Nottaufe durchführen, wie es das Recht und die Pflicht jedes Christen in dieser Lage war.

Jeanne wurde mit ihrer Taufe nicht nur in die Gemeinschaft der Christen aufgenommen, sondern fand auch einen Platz in der dörflichen Gesellschaft, indem ihre Eltern Taufpaten für sie auswählten. Patenschaft schuf nach den Vorstellungen der Zeitgenossen eine feste Verbindung zwischen Paten und Kind, eine geistliche Verwandtschaft, die genauso viel galt wie die biologische.

Jeanne hatte zehn oder elf Paten – eine ungewöhnlich hohe Zahl.[7] Die bischöflichen Verordnungen des Bistums Toul, zu dem Domrémy zählte, schrieben eine Höchstzahl von drei Paten vor, damit die Ernsthaftigkeit der Bindung nicht durch die übergroße Anzahl gefährdet würde. Für die Eltern des Täuflings und für das Kind selbst konnte eine hohe Zahl von Paten jedoch vorteilhaft sein. Warum dies so war, zeigt sich, wenn man betrachtet, wer Jeannes Paten waren.

Alle Paten waren „laboureurs", stammten also aus derselben Schicht der dörflichen Bevölkerung wie Jeanne Eltern. Fast alle Patenonkel sowie die Ehemänner fast aller Patentanten waren Geschäftspartner von Jeannes Vater oder hatten wie er Ämter in der lokalen Verwaltung inne. Ein Patenonkel war Dorfschulze im Nachbarort Greux, bei einer Patentante handelte es sich um die Ehefrau des Schulzen von Domrémy, bei einer anderen um die Frau des Gerichtsschreibers. Indem Jeannes Eltern diese Personen baten, die Patenschaft zu übernehmen, schufen sie die eine weitere Bindung zu ihnen, und festigten die bestehenden wirtschaftlichen und sozialen Beziehungen. Offenbar hofften sie, dass diese Beziehungen ihnen und ihrem Kind auch in Zukunft zum Vorteil gereichen würden. Freilich konnte das nur glücken, wenn die Bindungen immer wieder bekräftigt wurden. In Jeannes Leben jedoch spielten ihre Paten keine Rolle mehr, nachdem sie ihre Heimat verlassen hatte. Auch wussten die Paten, die 1456 als Zeugen vernommen wurden, selbst nicht mehr genau, wer mit ihnen gemeinsam diese ehrenvolle Aufgabe übernommen hatte.

Eine kleine Welt

Die Kirche von Domrémy, in der Jeannes Taufe stattfand, war dem heiligen Remigius geweiht, der auch dem Dorf den Namen gegeben hatte, „Dom Rémy" bedeutete „Herr Remigius". Das Dorf bildete keine selbstständige Pfarrei, sondern hing von der Pfarrei des größeren Nachbardorfes Greux ab. Domrémy war ein sehr kleines Dorf, das um 1400 wohl nur etwa 50 bis 60 Haushalte, also höchstens 250 Bewohner, zählte. Es gehörte den Herren von Bourlémont, die in der gleichnamigen, südlich des Dorfes gelegenen Burg lebtens.

Domrémy befand sich am linken Ufer der Maas, die hier die Grenze zwischen dem Königreich Frankreich und dem Heiligen Römischen Reich bildete. Diese Grenze war jedoch lediglich rechtlich bedeutsam. Wer links der Maas überfallen wurde, konnte den Täter in letzter Instanz vor dem höchsten Gericht des Königs von Frankreich verklagen; wurde man rechts der Maas überfallen, konnte ein Prozess in letzter Konsequenz bis vor das Reichsoberhaupt führen. Da kaum jemand sich die Kosten für so aufwendige Prozesse leisten konnte, hatte dies jedoch praktisch keine Bedeutung. Außerdem wurden die meisten Rechtsstreitigkeiten ohnehin von jenen Adligen entschieden, die jeweils die Gerichtsrechte vor Ort innehatten.

Auf der rechten Maasseite lag das Herzogtum Lothringen. Der Herzog zählte zu den Reichsfürsten, doch in der Praxis waren seine Beziehungen zum Reichsoberhaupt sehr locker. Auch besaß er Lehen, deren Lehnsherr der König von Frankreich war und im Herzogtum Lothringen sprach man wie am Herzogshof französisch.

Die Zeitgenossen teilten Frankreich in „Länder" (*pays*) ein, deren Zusammengehörigkeit zum Teil auf politischen, aber auch auf naturräumlichen und historischen Gegebenheiten beruhte. Nach dieser Einteilung zählten Domrémy und seine weitere Umgebung zum Land Lothringen, obwohl dieses Gebiet nicht zum Herzogtum gehörte. Jeanne konnte sich selbst daher mit Recht als Lothringerin bezeichnen, und auch andere nannten sie so. Das kennzeichnete sie als Kind einer Grenzregion – und aus Grenzregionen, so wusste man, kamen Ketzer, aber auch besonders Königstreue.

Die politischen und geografischen Grenzen waren für den Alltag der Bewohner von Domrémy von geringer Bedeutung. Für sie dürfte gegolten haben, was auch auf Jeanne zutraf, bis sie ihre Heimat verließ: Soweit ihr Aktionsradius über ihr eigenes Dorf und die Nachbargemeinden hinausreichte, erstreckte er sich nur bis zu den nächsten Städten: Neufchâteau im Süden, Vaucouleurs im Norden und die Bischofsstadt Toul im Nordosten. Soweit reichten auch die sozialen Beziehungen, in die Jeanne eingebunden war. Bei Vaucouleurs wohnte eine Nichte ihrer Mutter, Jeanne Le Vausseul, mit ihrem Mann Durant Laxart. Eine Patentante Jeannes lebte in Neufchâteau, und Prediger aus dem dortigen Franziskanerkloster kamen ab und zu nach Domrémy, um dort zu predigen und Geld zu sammeln. Die Welt der Bewohner von Domrémy war klein.

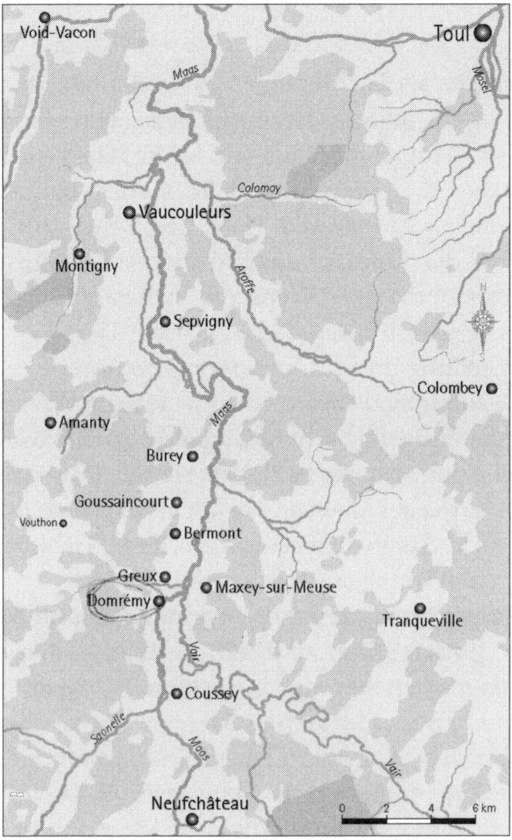

Karte 1: Domrémy und Umgebung

Eine Bauerntochter

Jeanne wuchs als Tochter eines gut gestellten Bauern heran wie viele andere Bauerntöchter auch. Sie unterstützte ihre Mutter im Haushalt, lernte nähen und spinnen. Auch auf dem Feld und im Garten half sie mit. Manchmal brachte sie die Tiere des Vaters zur Herde des Dorfes, die dann auf dem dörflichen Gemeinschaftsbesitz geweidet wurde. Wenn die Reihe an ihrer Familie war, hütete sie mitunter auch selbst die Tiere.[8]

Ihrer Stellung im Dorf und derjenigen ihrer Eltern war Jeanne sich durchaus bewusst, und sie legte Wert darauf, dass niemand die wirtschaftliche und soziale Position ihrer Familie geringer darstellte, als sie selbst sie empfand. Sie beharrte darauf, dass sie vor allem im Haushalt geholfen und nicht das Vieh gehütet habe, denn Viehhüten galt als eine sozial wenig angesehene Aufgabe.

Die unterschiedlichen Arbeiten im Haus und auf dem Feld, die Jeanne schon als Kind ausübte, sollten sie auf das Leben vorbereiten, das ihr bestimmt schien, das Leben einer Ehefrau, Mutter und Bäuerin. Jeanne übernahm auch Aufgaben in der dörflichen Gesellschaft, indem sie zwei Mal Patentante wurde. Sie war die Patin von Nicolas, einem Sohn ihrer Freundin Isabelle, und ihrer Nichte Catherine, der Tochter ihrer Kusine Jeanne Le Vausseul. Dieses kleine Mädchen trug auf Jeannes Bitten den Namen ihrer Schwester Catherine, die im Jahr 1429 verstarb.

Lesen und schreiben zählte nicht zu den Dingen, die Jeannes Eltern ihr auf den Lebensweg mitgeben konnten und wollten. Der Schulbesuch kostete Geld und kam daher, wenn überhaupt, nur für die Söhne in Frage, die diese Fähigkeiten später aufgrund ihrer Stellung in der dörflichen Gemeinschaft brauchen konnten. Bei einer Tochter war eine solche Investition verschwendet, weil diese Fähigkeiten für eine Ehefrau und Bäuerin nicht nötig waren.

Jeanne bestätigte später selbst, dass sie nicht lesen konnte. Allenfalls vermochte sie einige Worte zu erkennen. Sie verschickte später zwar Briefe, aber diese hatte sie nicht selbst geschrieben, sondern diktiert. Einige von ihnen sind im Original erhalten und tragen die Unterschrift „Jehanne“, was der zeitgenössischen Schreibweise ihres Namens entspricht. Diese Unterschriften stammen nachweislich nicht von dem Sekretär, dem sie den eigentlichen Text diktierte, sondern von ihr selbst. Die Handschrift erinnert an die Schrift eines Erstklässlers, sie ist krakelig, unsicher und verkrampft. Offenbar hatte jemand Jeanne ihren Vornamen aufgeschrieben, und sie bemühte sich ungelenk, die Buchstaben nachzuahmen.

Als Bauerntochter ohne Schulbildung beherrschte Jeanne auch kein Latein. Damit blieb ihr der Zugang zu jeglicher wissenschaftlichen Bildung verschlossen. Anders als ihre Kontrahenten im Ketzerprozess von Rouen konnte sie nicht die Worte von Autoritäten, den Autoren der anerkannten theologischen und rechtlichen Standardwerke, zitieren.

Jeannes Orientierung in der Welt gleicht der anderer Schriftunkundiger. Konkrete Strecken- und Mengenangaben, Jahreszahlen und Tagesdaten nannte sie nie. Sie waren zu abstrakt und entsprachen nicht ihrem eigenen unmittelbaren Erleben, sondern beruhten auf einer Verknüpfung mit abstraktem Wissen, über das Jeanne nicht verfügte. Sehr wahrscheinlich konnte sie auch nur in sehr beschränktem Maße rechnen. Dementsprechend ordnete sie Ereignisse aus ihrem eigenen Leben zeitlich ein, indem sie sie mit den Orten verband, an denen sie sich aufgehalten hatte. Sie datierte also einen Vorfall, indem sie sagte: „Als ich in Vaucouleurs war, …" Innerhalb eines Jahres orientierte sie sich an den Hoch- und Heiligenfesten, die in der dörflichen Gesellschaft den Jahreslauf prägten. Die Tageszeit bemaß sie nach dem Sonnenstand und nach den liturgischen Stundengebeten, die ihrerseits wiederum vom Sonnenstand abhängig waren.

Ihre Zahlenangaben trugen meist rein symbolische Bedeutung. Wenn sie etwa sagte, ihre Fahne bedeute ihr vierzig Mal mehr als ihr Schwert,[9] brachte sie damit zum Ausdruck, dass ihre Fahne für sie eine weit größere Bedeutung besitze als das Schwert.

Jeannes Wissensstand lässt sich nur schwer mit heutigen Maßstäben messen. Sie sammelte im Laufe ihres Lebens weniger Schulwissen an, als es heute lebende Drittklässler besitzen. Weit mehr als heute aber galt in einer Gesellschaft, in der nur ein geringer Teil der Menschen lesen und schreiben konnte, dass nicht nur die Schule Wissen vermittelte. Jeanne lernte vieles durch Zuhören – und zwar auch Fakten und Zusammenhänge, die über Haushalt und Landwirtschaft hinausgingen. Dies zeigt sich gerade in ihrem Wissen über Religion und Frömmigkeit, das zum guten Teil aus den Predigten in der Kirche von Domrémy gestammt haben dürfte. Außerdem gab es unter ihren Verwandten mütterlicherseits einen Priester und einen Zisterziensermönch, die sicherlich bei Unterhaltungen im Familienkreis etwas von ihrem Wissen über Kirche und fromme Lebensführung einfließen ließen.

Vor allem aber war Jeanne intelligent und sie hatte den Mut, ihren Verstand einzusetzen und ihren Willen zu behaupten. Dies mussten auch ihre Eltern und ein junger Mann, dessen Name nicht zu ermitteln ist, erfahren. Offenbar suchten Jeannes Eltern nach einem angemessenen Ehemann für ihre Tochter. Dem Ausersehenen versprachen sie sodann ihre Tochter, wie es damals üblich war. Doch Jeanne verweigerte ihre Zustimmung. Daraufhin veranlasste der junge Mann, dass Jeanne wegen des Bruchs eines Eheversprechens vor den Offizial des Bischofs von Toul nach Neufchâteau geladen wurde. Vor diesem geistlichen Richter, der für Ehesachen zuständig war, erschien sie persönlich und erreichte ihr Ziel.[10] Die Klage wurde abgewiesen, da Jeanne selbst kein Eheversprechen abgegeben hatte. Jeanne hatte sich gegen ihre Eltern durchgesetzt. Das war eine bemerkenswerte Leistung in einer Gesellschaft, die viel Wert auf den Gehorsam der Kinder, und vor allem der Töchter, legte. Zum ersten Mal war Jeanne damit aus der ihr vorgezeichneten Lebensbahn ausgebrochen.

Ein frommes Mädchen

Jeanne unterschied sich von ihren Altersgenossen vor allem durch ihre große Frömmigkeit. Ihre Eltern erzogen sie zum christlichen Glauben und waren selbst gläubige, praktizierende Christen, was sich unter anderem daran zeigte, dass sie alle ihre Kinder nach Heiligen benannt hatten. Zudem stifteten Jeannes Eltern eine Seelmesse in der Pfarrkirche, was ein beträchtliches finanzielles Opfer bedeutete. Ihre Mutter brachte Jeanne die beiden wichtigsten Gebete, das Vaterunser sowie das Ave Maria, und das Glaubensbekenntnis bei.

Die meisten Zeugnisse über Jeannes Glaubenspraxis stammen von den Zeugen, die 1456 im Zuge des Rehabilitierungsprozesses vernommen wurden. Sie waren bemüht zu unterstreichen, dass Jeannes Verhalten den Vorschriften des Kirchenrechts entsprochen hatte, dass darin also in keiner Weise Ansätze für ketzerische Vorstellungen oder Praktiken zu entdecken gewesen seien. Insbesondere hielten sie fest, dass Jeanne getauft und gefirmt worden war. Auch habe Jeanne zu Ostern gebeichtet und an der Kommunion teilgenommen, was jedem Christen durch das Kirchenrecht vorgeschrieben war.[11]

Abgesehen von dem Wunsch, Jeanne gegen mögliche Vorwürfe in Schutz zu nehmen, mögen die Aussagen der Zeugen auch davon beeinflusst sein, dass die Erinnerung verblasst war oder sich verformt hatte, denn immerhin waren bei der Befragung der Zeugen bereits 27 Jahre vergangen, seit Jeanne ihr Heimatdorf verlassen hatte. Insgesamt aber ergibt sich aus den Aussagen ein stimmiges Bild.

Jeanne war frömmer als andere Mädchen ihres Alters. Ihre Freundinnen neckten sie deswegen und lachten sie aus. Sie nahm an allen Messen teil, die in der Pfarrkirche gehalten wurden. Das waren deutlich weniger als in anderen Kirchen, aber auch in Domrémy fand jeden Sonntag sowie an bedeutenden Heiligenfesten eine Messe statt. Hinzu kamen noch einige Seelmessen, die von den Dorfbewohnern gestiftet worden waren. Auch sonst ging Jeanne oft in die Kirche, um dort zu beten. Die Marienstatue im Gotteshaus schmückte sie mit Blumengirlanden und Kerzen, was auch andere Mädchen taten, allerdings nicht so häufig wie Jeanne. Wenn sie abends auf dem Feld war, kniete sie beim Angelus-Läuten nieder, bekreuzigte sich und betete.[12] Gerne gab sie Almosen, von ihrem eigenen Geld wie von dem ihres Vaters.

Oft ging Jeanne zur Kapelle von Bermont, die ungefähr vier Kilometer entfernt war. Dort stand eine Marienstatue, die als wundertätig galt. Jeanne besuchte die Kapelle stets sonnabends, weil dieser Tag der heiligen Jungfrau Maria geweiht war. Oft kamen ihre Schwester Catherine und andere Mädchen aus Domrémy mit. Alle nahmen Blumen und Kerzen mit. Manchmal wurde Jeanne von einem jungen Mann, Michel Lebuin, begleitet.[13] Obwohl der Weg nur eine Stunde dauerte, galt der Besuch der Kapelle als Pilgerschaft.

Nicht was Jeanne im Einzelnen tat, war bemerkenswert, sondern vielmehr, dass sie all dies häufiger und ausdauernder als andere tat. Aus kirchenrechtlicher wie seelsorgerischer Sicht war all das völlig unbedenklich.

Heikler war es, dass Jeanne wie viele andere Dorfbewohner an Bräuchen teilnahm, die südlich des Dorfes in der Feldmark stattfanden. Am Rand eines Waldes stand eine markante, große und schöne Buche von beträchtlichem Alter. Den Dorfbewohnern war sie als *arbre aux fées*, der Feenbaum, bekannt, da man sich erzählte, dass dort vor mehr als 100 Jahren ein Herr von Bourlémont eine Fee getroffen habe.[14] Mit ihr habe er Kinder gezeugt, von denen alle seine Nachfahren abstammten.

Der Baum spielte aufgrund alter Traditionen eine wichtige Rolle im geselligen und kultischen Leben von Domrémy. Die Dorfbewohner trafen sich an diesem Baum am Sonntag Laetare, der meist in die Zeit des Frühlingsbeginns fällt. Vor allem die heranwachsenden

Frauen und Männer sangen und tanzten um den Baum herum. Außerdem flochten Jeanne und die jungen Frauen des Dorfes Blumenkränze, die sie anschließend zur Marienstatue in der Dorfkirche brachten. Ganz offensichtlich drückten diese Praktiken die Freude darüber aus, dass die kalte Jahreszeit vorbei war und das Frühjahr begonnen hatte. Die ersten Zeichen für das Wiedererwachen der Vegetation wurden der Jungfrau Maria dargebracht, als Dank, aber auch als Bitte, dass sie das Wachsen der Pflanzen weiterhin begünstigen werde. Am Feenbaum fand also ein Fruchtbarkeitsritus statt, der allerdings auch Züge unbeschwerter Geselligkeit trug.

Zum 1. Mai, am Johannistag und dem Tag der heiligen Margarete, also dem 24. Juni bzw. dem 16. August, sammelten die Dorfbewohner am Feenbaum grüne Zweige, mit denen sie die Kirche schmückten. Auch dabei handelte es sich um Fruchtbarkeitsriten.

Alles dies wäre geeignet gewesen, das Misstrauen der kirchlichen Obrigkeit zu erwecken, denn die Bräuche am Feenbaum mussten ihr heidnisch erscheinen. Aber der Dorfpfarrer, der Bischof und der geistliche Richter hatten bisher ganz offenbar keinen Grund gesehen, gegen die Bräuche am Feenbaum vorzugehen. Die Dorfbewohner wussten, dass der Pfarrer oder der Bischof sich über die Treffen am Feenbaum missbilligend geäußert hätten, wenn man sie gefragt hätte. Aber sie selbst schätzten diese Vorgänge als geselligen Brauch, keineswegs als heidnische oder ketzerische Praktiken. Auch fragte niemand die Dorfbewohner, ob sie an die Feen glaubten, und jene, die an Feen glaubten, machten nicht viel Aufhebens davon und knüpften keine magischen Praktiken daran. Auch Jeanne nahm trotz ihrer großen Frömmigkeit an den Treffen am Baum teil.

Dies wurde für sie plötzlich zu einem ernsten Problem, als sie berühmt wurde und ihre Richter von dem Baum erfuhren Denn die Teilnahme an heidnischen oder magischen Bräuchen wäre ein Beweis für Jeannes Ketzerei gewesen.

Jeannes Kindheit war insgesamt ruhig und geordnet, ja vor allem im Rückblick erschien vieles geradezu idyllisch. Doch wurde diese Ruhe mehrfach brutal gestört. Denn es herrschte Krieg, seit langem schon.

Frankreich in den 1420er-Jahren

Die Wurzeln des Konflikts, den man seit dem frühen 19. Jahrhundert als Hundertjährigen Krieg bezeichnet, reichten weit zurück. Schon seit der Mitte des 12. Jahrhunderts war der König von England aufgrund komplizierter Heiratsverbindungen zugleich Herr über Teile des Königreichs Frankreich, über die er als französischer Fürst herrschte. Inwieweit er sich in dieser Eigenschaft dem französischen Monarchen unterordnen musste, war immer wieder Anlass zu Streitereien und Kriegen. Auf lange Sicht waren die französischen Könige dabei erfolgreicher und nahmen den englischen Herrschern weite Teile ihres Besitzes ab, sodass der englische König schließlich nur noch über ein Gebiet im Südwesten Frankreichs um Bordeaux verfügte, das man Guyenne oder Aquitanien nannte.

Nach einer langen Phase der Ruhe brach 1337 erneut ein Krieg aus. Drei Jahre später verschärfte König

Eduard III. den Konflikt, indem er aufgrund einer dubiosen rechtlichen Begründung den Titel eines Königs von Frankreich annahm.

Der Anspruch Eduards III. auf den französischen Thron war ein Grund dafür, dass in den nächsten Jahrzehnten die Feindseligkeiten zwar durch Waffenstillstände unterbrochen wurden, in der Folge aber immer neue Kampfhandlungen ausbrachen. Der zweite Grund dafür lag in überragenden militärischen Erfolgen der Engländer, die in zwei Schlachten, bei Crécy 1346 und bei Poitiers 1356, die Franzosen vernichtend schlugen. Im Vertrag von Brétigny musste der französische König 1360 äußerst harte Bedingungen akzeptieren. Eduard III. erhielt enorme territoriale Gewinne. Sein Erfolg war so groß, dass sich der französische König damit nie und nimmer abfinden konnte, denn der Großteil seines Königreiches stand jetzt unter der Kontrolle seines Feindes.

Tatsächlich plante der französische Hof die Revanche – mit Erfolg. 1369 begann der Krieg wieder, am Ende des Jahres 1374 waren nur noch Calais und kleine Gebiete um Bordeaux in englischer Hand. Nun wechselten sich für fast 40 Jahre Waffenstillstände und kurze Kriegsphasen ab, ohne dass sich an der Machtbalance viel änderte.

Frankreich geriet in dieser Zeit in innenpolitische Wirren. Ausgelöst wurden sie, als im August 1392 der junge König Karl VI. den ersten Anfall einer rätselhaften Geisteskrankheit erlitt. Von nun wechselten Phasen der Besserung und Rückfälle einander ab, wobei die Krankheitsphasen immer länger andauerten und die Abstände zwischen ihnen immer kürzer wurden. Ab 1414 fiel Karl dann auf Dauer dem Wahnsinn anheim.

Der jüngere Bruder des französischen Königs, Herzog Ludwig von Orléans, führte die Regentschaft. Bald geriet er in Konflikt mit seinem mächtigen Onkel Philipp dem Kühnen. Beide wollten zum einen ihren Zugriff auf die zentralen Kassen des Königtums sichern und zum anderen ihre ehrgeizige Territorialpolitik fördern. Philipp hatte durch geschickte Heiratspolitik außer dem Herzogtum Burgund auch die Freigrafschaft Burgund sowie die Grafschaft Flandern an sich gebracht. Auch Ludwig raffte erheblichen Landbesitz zusammen.

Als Philipp der Kühne 1404 starb, führte sein Sohn Johann Ohnefurcht seine Politik fort und brachte den Konflikt mit Orléans zur Eskalation. Am Abend des 23. November 1407 ließ er Ludwig von Orléans ermorden.

Die Folge war ein blutiger Bürgerkrieg. Ludwigs Sohn Karl übernahm innerhalb seiner Partei die Stellung seines ermordeten Vaters. Ihm zur Seite stand sein Schwager, der Graf von Armagnac, nach dem die Burgunder die Orléans-Parteiung als „Armagnacs" bezeichneten.

Von Frankreichs Selbstzerfleischung wollte der englische König Heinrich V. profitieren. Im Jahr 1415 begann er den Krieg erneut. Schon bald danach, am 25. Oktober 1415, besiegte er bei Azincourt ein französisches Heer und fügte ihm hohe Verluste zu. Am bedeutendsten für den weiteren Verlauf des Bürgerkriegs war, dass Herzog Karl von Orleáns in Gefangenschaft geriet. Niemand konnte oder wollte ihn auslösen. Nicht weniger als 25 Jahre saß er in, selbstverständlich komfortabler, englischer Gefangenschaft.

Der Bürgerkrieg ging unterdessen mit unverminderter Schärfe weiter. Der Graf von Armagnac übernahm die Führung der Orléans-Partei. Er übte großen Einfluss aus, denn Karl VI. war mittlerweile dem Wahnsinn verfallen, sein einziger überlebender Sohn, Karl, war erst 13 Jahre alt und damit nicht regierungsfähig.

Am 1. September 1419 wurde Johann Ohnefurcht bei dem Ort Montereau ermordet – mit dem Wissen, womöglich auch mit der Zustimmung des Thronfolgers. Der neue Herzog von Burgund, Johanns Sohn, Philipp der Gute, verbündete sich mit England. Gegen den jungen und unerfahrenen Dauphin standen nun der äußere und der innere Feind zusammen. Auch seine Mutter Isabeau und ihre wenigen verbliebenen Getreuen suchten die Unterstützung Heinrichs V. von England, der ihnen nur zu gerne seine Hilfe gewährte. Im Jahr 1420 schlossen im Namen Karls VI. dessen Frau und der Königshof in Troyes einen Vertrag mit Heinrich V. von England. Der Dauphin wurde seiner Erbrechte für verlustig erklärt, weil er seinen Verwandten ermordet und sich gegen den König verschworen habe. Die Krone solle daher an den Ehemann von Katharina fallen, der jüngeren Schwester des Dauphins. Sie wurde mit dem König von England verheiratet und so nahm Heinrich V. wenig später den Titel eines Regenten von Frankreich an.

Heinrich V. konnte diesen Erfolg jedoch nicht mehr selbst ausnutzen. Er starb 1422, kurz nach ihm verschied auch Karl VI. Dessen Sohn, der Dauphin Karl, erklärte sich gemäß der altüberkommenen Gesetze des Reiches zum König. Doch seine Feinde drängten seine Truppen immer weiter zurück. Sogar die Hauptstadt Paris war in der Hand des Feindes. Zugleich zerbrach Frankreich administrativ in drei Teile. Die zentralen Regierungsorgane wie die Rechnungskammer und das Parlament gab es jetzt zweimal. Die Verwaltung des Valois etablierte sich in Poitiers und Bourges, jene des Lancasters blieb in Paris. Gleichzeitig organisierten die Engländer die Normandie neu.

Die Bauernfamilien in Jeannes Heimatdorf Domrémy dürften vieles von diesen Geschehnissen nie erfahren, anderes nach einiger Zeit wieder vergessen haben. Sehr bewusst aber waren ihnen die aktuellen politischen und militärischen Konstellationen, die sich aus diesen Ereignissen ergeben hatten. Jeannes Heimatdorf mochte am Rand des Königreichs liegen, weitab von der Hauptstadt Paris und vom königlichen Hof, doch auch dort wusste man um die Streitigkeiten zwischen Armagnacs und Burgundern – und man nahm selbst Partei. Domrémy, darauf legte Jeanne Wert, stand auf der Seite König Karls VII. Nur einen einzigen Parteigänger Burgunds gab es ihr zufolge im Dorf, und sie hätte, wie sie es vorsichtig formulierte, es lieber gesehen, wenn er den Ort verlassen hätte. Der Nachbarort Maxey aber stand auf Seiten Burgunds, und dies führte zu Raufereien zwischen den Jugendlichen beider Dörfer.[15] Jeanne hasste die Burgunder und ebenso sehr die Engländer.

Die Kampfhandlungen zogen Domrémy mehrfach in Mitleidenschaft. Im Jahr 1423 musste das Dorf dem Söldnerführer Robert von Saarbrücken nicht weniger als 220 Écus bezahlen, um vor den Plünderungen und Brandschatzungen durch seine Leute sicher zu sein. Im selben Jahr wurde ein Vetter Jeannes in Sermaize von Söldnern erschlagen. ·

Einige Jahre später, im Juli 1428, griffen burgundische Truppen Vaucouleurs an, die letzte Festung des Königs im Maastal. Robert de Baudricourt, der Hauptmann der

Stadt, musste sich den Angreifern unterwerfen. Die Stadt sollte von nun an einen quasi-neutralen Status haben, das bedeutete, dass sie sich für Karl VII. nicht mehr militärisch einsetzen durfte. Die Bevölkerung von Domrémy floh während dieser Kampfhandlungen aus Angst vor Übergriffen der burgundischen Söldner nach Neufchâteau. Jeanne und ihre Familie blieben zwei Wochen dort. Als sie und die anderen Dorfbewohner nach Hause zurückkehrten, mussten sie erschreckt feststellen, dass die Kirche und die Ernte verbrannt waren. Einige Wochen später, Anfang Oktober 1428, überfiel ein Söldnerführer Domrémy und Greux und trieb das Vieh weg. Zu ihrem Glück konnten die Bauern ihre Tiere jedoch zurückerlangen.

Diese Ereignisse müssen eine Heranwachsende stark geprägt haben. Jeannes bewusste Wahrnehmung aber trafen ganz andere Vorgänge mit noch größerer Wucht.

Die Stimmen

Jeanne hatte Visionen. Diese Erlebnisse müssen sie umso mehr beeindruckt haben, als sie mehrere Jahre lang niemandem etwas davon erzählte, nicht einmal ihrem Pfarrer, der ihr geistlichen Beistand hätte leisten können.

Während des Prozesses gegen sie gab Jeanne 1431 an, dass sie ihre erste Vision im Garten des Elternhauses erlebte, und zwar zur Mittagszeit an einem Sommertag. Einmal sagte sie, das sei vor fast sieben Jahren geschehen, ein anderes Mal, sie sei damals dreizehn Jahre alt gewesen.[16] Beide Angaben lassen sich nicht in Übereinstimmung bringen, da sie nach ihrer eigenen Auskunft beim

Prozess ungefähr 19 Jahre alt war. Je nachdem, welche der drei Angaben man als falsch betrachtet, verweisen die beiden anderen auf die Jahre 1423, 1424 oder 1425.

Alle weiteren Details zu Jeannes Visionen sind schwierig zu bewerten, denn fast alle Angaben, vor allem die detailreicheren Schilderungen, stammen aus ihren Aussagen während des Ketzerprozesses. Dort musste sie jedoch bestrebt sein, diese Ereignisse so darzustellen, dass sie nicht verfänglich erschienen. Außerdem erwecken ihre Aussagen mitunter den Eindruck, dass sie erst jetzt, als sie gezwungen war, darüber ausführlich zu reden, das Erlebte ordnete und systematisierte, und dies obendrein unter der Vorgabe, dass sie ihren Feinden keine Angriffsfläche bieten durfte. Wieweit sie das Erlebte und Erinnerte umdeutete, womöglich bewusst verfälschte, lässt sich nicht entscheiden. Sicher ist aber, dass das, was Jeanne über die Visionen erzählte, nur höchst unvollkommen die Wucht wiedergab, mit der sie diese Erlebnisse trafen.

Das Wesentliche an ihren Visionen war das akustische Element. Jeanne sagte aus, sie höre Stimmen, die zu ihr sprächen. Dabei herrsche eine „große Helle". Die Heiligen seien ihr auch körperlich erschienen; sie habe sie ebenso deutlich gesehen, wie sie bei ihrer Aussage ihre Richter sehe.[17]

Wie oft sie diese Erlebnisse hatte, ist ungewiss. Zunächst forderten die Stimmen Jeanne nur auf, sich gut zu betragen und oft zur Kirche zu gehen. Dann mahnten sie, Jeanne solle ihre Jungfräulichkeit bewahren, und sie gelobte das zu tun.[18] Erst viel später befahlen sie ihr, zum König zu reisen und ihn zur Königsweihe nach Reims zu führen.

Jeanne identifizierte diese Stimmen als diejenigen der heiligen Katharina, der heiligen Margarete sowie des Erzengels Michael.[19] Es liegt nahe zu fragen, warum unter den unzähligen Heiligen der katholischen Kirche gerade diese Drei zu Jeanne sprachen oder warum sie gerade diese drei Namen angab und auch ihre Richter hakten an dieser Stelle nach. Sie konzentrierten sich auf die Erwähnung des Erzengels Michael, da dieser in den letzten Jahren zum Schutzheiligen des Valois-Königtums avanciert war. Bei der wichtigsten Kirche in Frankreich, die Michael geweiht war, handelte es sich um den Mont-Saint-Michel, eine felsige Insel an der Küste der Normandie, die unmittelbar an der Grenze zur Bretagne lag. Auf ihr befand sich ein Kloster, das schon seit langem ein bedeutendes Wallfahrtsziel darstellte. In den 1420er-Jahren wurde die Insel und mit ihr der Heilige, den man dort verehrte, zu einem Symbol des Widerstands gegen die Engländer, denn die Insel war die letzte Festung der Normandie, die sich noch gegen die Engländer hielt. Zwei Mal hatten sie versucht, die Insel zu belagern und einzunehmen, beide Male waren sie gescheitert. Daher hatte es besonderes Gewicht, wenn Jeanne nicht nur die Engländer aus Frankreich vertreiben wollte, sondern sich dabei zudem auf den Erzengel Michael berief.

Die Richter interessierten sich kaum für die beiden Heiligen Margarete und Katharina, weil sie politisch nicht verfänglich waren. Außerdem wurden sie an sehr vielen Orten verehrt und auch in der Kirche von Domrémy standen Figuren dieser beiden Heiligen.

Für heutige Forscher liegt es nahe, die Nennung dieser beiden Heiligen psychologisch zu interpretieren und auf auffallende Parallelen zwischen ihnen und Jeanne zu verweisen. Sowohl Margarete als auch Katharina waren Jungfrauen und starben, weil sie ihre Jungfräulichkeit gegen die Begierden eines Mannes verteidigten. Margarete galt zudem, wenn nicht als Bauerntochter, so doch als Hirtin.

Auch bei dem Versuch, Jeannes Visionen insgesamt zu erklären, griff man mitunter auf psychologische sowie medizinische Erklärungen zurück. Gemutmaßt wurde beispielsweise, Jeanne habe eine seltene Missbildung aufgewiesen, die testikuläre Feminisierung, das heißt, sie sei genetisch ein Mann gewesen, doch hätten sich ihre äußeren Geschlechtsmerkmale nicht entwickelt; auch hätte sie keine Vagina gehabt.[20] Das ist jedoch ausgeschlossen, weil Jeanne zwei Mal ärztlich untersucht wurde und dabei nichts Ungewöhnliches festgestellt wurde. Auch vermutete man, Jeanne habe an Pubertätsmagersucht gelitten, womit häufig eine Neigung zu Schizophrenie einhergehe, wodurch sich ihre Visionen erklären ließen.[21] Diese These lässt sich durch die Quellen nicht zweifelsfrei beweisen, sie erscheint allerdings auch nicht von vornherein unplausibel.

Diese und andere neuzeitliche Versuche, Jeannes Visionen durch den Rückgriff auf medizinische und psychologische Kenntnisse zu erklären, sind nachvollziehbar. Doch selbst wenn wir genau wüssten, wer oder was Jeannes Visionen wirklich verursachte, würde dies nicht erklären, wodurch sie eine so große Wirkung auf ihre Zeitgenossen ausübte. Dies lässt sich nur verstehen, wenn man betrachtet, welche Vorstellungen die Menschen im 15. Jahrhundert von Visionen und Prophezeiungen hatten.

Dass Gott einzelne Menschen auserwählte, selbst oder durch Heilige zu ihnen sprach, ihnen Aufträge gab und ihnen Einblick in zukünftige Geschehnisse gewährte, all das war für Jeannes Zeitgenossen selbstverständlich. Sie glaubten nicht nur daran, das heißt, sie hielten es nicht einfach für wahr, ohne es im strengen Sinn beweisen zu können, sondern sie wussten es. Aus ihrer Sicht gab es genug Beweise. Die Bibel berichtete von solchen Menschen, zum Beispiel den alttestamentlichen Propheten. Viele Heilige hatten Visionen oder sahen Zukünftiges voraus und ihre Lebensbeschreibungen schilderten es. Manche Menschen konnten selbst von ähnlichen Fällen erzählen, denn solche Geschehnisse hatte es nicht nur in längst vergangenen Zeiten gegeben, sondern sie kamen immer wieder vor.

Dennoch wusste man, dass in vielen Fällen Misstrauen angebracht war. Einige Menschen waren geisteskrank und behaupteten aufgrund ihrer Krankheit seltsame Dinge. Andere spiegelten in betrügerischer Absicht vor, Visionen zu erleben und Prophezeiungen aussprechen zu können. Noch gefährlicher war, dass nicht nur Gott, sondern auch der Teufel die Macht hatte, Menschen zu seinem Werkzeug zu machen. Über die Erkennung falscher Propheten gab es daher seit 1380 Traktate, unter anderem von zwei hochberühmten Theologen der Universität Paris: Pierre d'Ailly und Jean Gerson.

Anhaltspunkte dafür, woran man eine echte Prophetin erkennen konnte, boten mündlich und schriftlich überlieferte Berichte über Propheten. Verständlicherweise würde Gott nur zu solchen Menschen sprechen, die seine Gebote befolgten und ein vorbildliches Leben führten. Echte Propheten fluchten also nicht, sie waren fromm und bekannten sich zu ihrem Glauben in Wort und Tat, sie waren sexuell allenfalls mit ihrem Ehepartner aktiv oder, besser noch, sie lebten enthaltsam. All das traf auf Jeanne zu.

Sexuelle Enthaltsamkeit und insbesondere Jungfräulichkeit waren aus Sicht der Menschen im Mittelalter eindeutig positiv zu bewerten. Man glaubte, dass Gott den Menschen zwar das sexuelle Begehren eingepflanzt hatte, aber nicht, um ihnen die Möglichkeit zur Empfindung von Genuss zu bieten, sondern als Strafe dafür, dass Eva im Paradies Gottes Gebot missachtet und die Frucht vom Baum der Erkenntnis gegessen hatte. Die Sexualität war dem Menschen also als Teil seiner Natur von Gott gegeben. Auch hatte er gewollt, dass die Menschen fruchtbar sein und sich mehren sollten. Daher durften sexuelle Bedürfnisse grundsätzlich befriedigt werden, aber nur im Rahmen einer Ehe und auch dort nur in Maßen. Besser aber war Enthaltsamkeit. Denn sexuelle Begierde lenkte die Menschen davon ab, sich auf die Sicherung ihres Seelenheils zu konzentrieren. Schlimmer noch: Sie machte sie für die Einflüsterungen des Teufels empfänglich.

So war Jeannes Jungfräulichkeit für sie selbst wie für ihre Anhänger höchst bedeutsam. Geschlechtsverkehr hielt man für eine Beschmutzung des Körpers, die auch die Reinheit der Seele beeinträchtigte. Da sie noch nie Geschlechtsverkehr gehabt hatte, war sie nach Auffassung ihrer Zeitgenossen gegen Versuche des Teufels, Einfluss auf sie zu nehmen, so gut wie nur möglich geschützt und gewissermaßen seelisch und kultisch rein. Ihre Jungfräulichkeit stellte für Jeanne und ihre Zeitgenossen daher ein starkes Indiz für ihre Glaubwürdigkeit als Prophetin dar.

Jeannes Jungfräulichkeit definierte ihre Rolle in der Gesellschaft und ihr Selbstbild. Dies kann gut erklären, warum Jeanne sich in ungewöhnlich hohem Maß um die Bewahrung ihrer Jungfräulichkeit sorgte. Nachdem sie ihre Heimat verlassen hatte, legte sie Wert darauf, dass in ihrem Zimmer noch eine zweite Frau übernachtete. Wenn sie im Freien schlief, behielt sie ihre Kleider an. Einmal, in der Nacht zum 27. April 1429, schlief sie sogar in ihrer Rüstung.[22]

Aus Traktaten und Legenden wusste man nicht nur, wie Prophetinnen lebten, sondern auch, was sie üblicherweise taten. Für Jeannes Auftreten war von besonderer Bedeutung, dass seit der Mitte des 14. Jahrhunderts, also seit ungefähr 70 oder 80 Jahren, immer wieder Frauen als Prophetinnen aufgetreten waren, die sich für die Kirche eingesetzt hatten. Das lag daran, dass die Päpste seit 1309 in Avignon residierten, da sie sich in Rom und im Kirchenstaat nicht mehr gegen den lokalen Adel hatten durchsetzen können. Dieser Zustand wurde als skandalös empfunden, denn selbstverständlich gehörte der Nachfolger Petri, der Bischof von Rom, in die Ewige Stadt.[23]

Viele sprachen die Forderung aus, der Papst müsse nach Rom zurückkehren, und verbanden dies folgerichtig mit der zweiten Forderung, dass Italien befriedet werden müsse. Auch zwei Frauen, die durch ihr frommes Leben bekannt waren, setzten sich mit ihren Prophezeiungen für diese Ziele ein: Brigitta von Schweden und Katharina von Siena. Beide wurden später heiliggesprochen.

Seit zwei Prätendenten im Jahr 1378 begonnen hatten, um den Papstthron zu ringen, waren mehrere Frauen aufgetreten, die sich für eine Beendigung der Kirchenspaltung einsetzten. Eine von ihnen, Constance, eine

Witwe aus dem Dorf Rabastens bei Albi in Südfrankreich, mahnte Gaston Phébus, den Grafen von Foix, der im Pyrenäenvorland eine bedeutende Rolle spielte, er solle darauf dringen, dass der legitime Papst Urban VI. in seine Rechte eingesetzt werde. Außerdem solle er gegen den Grafen von Armagnac vorgehen, der auf Seiten der Engländer stand, Frankreich retten und schließlich mit König Karl VI. auf Kreuzzug gehen.

Bei Constance findet sich demnach eine klare politische Botschaft, die auf die Feindschaft zwischen England und Frankreich einging und Letzterem den Sieg versprach. Außerdem trat bei ihr zum ersten Mal ein Motiv auf, das in abgewandelter Form auch in Zusammenhang mit Jeanne festzustellen ist. Die Kirche, so sagte Constance, sei schon einmal durch eine Frau, nämlich Maria, erhalten worden, nun werde sie durch eine andere Frau, nämlich Constance, wieder in Stand gesetzt.[24]

Eine andere Prophetin, Marie de Maillé, stammte aus dem Adel der Loire-Gegend. Nachdem sie Witwe geworden war, lebte sie fromm im Franziskanerkloster von Tours als Reklusin. Auch sie empfand die Kirchenspaltung als Skandal und sagte voraus, dass sie durch die Wahl eines Franziskaners zum Papst beendet werde. Außerdem verfügte sie aufgrund ihres weltlichen Lebens in jungen Jahren über Kontakte zum Königshof. 1398 reiste sie nach Paris, wurde am Hof empfangen, machte sich aber unbeliebt, als sie den Luxus und die Verschwendung dort tadelte.

Eine weitere Prophetin namens Marie Robine lebte als Reklusin in Avignon, seit sie dort durch ein Wunder von einer schweren Krankheit geheilt worden war. Auch sie verkündete Prophezeiungen über die Beendigung des

Schismas und die Rolle Frankreichs dabei. Sie schrieb in dieser Sache an Karl VI., reiste auch selbst nach Paris und traf dort die Königin und einige hochgestellten Prälaten. Marie Robine soll unter anderem prophezeit haben, dass eine Jungfrau Frankreich retten werde.[25]

Das Motiv, dass ein Volk von einer Jungfrau gerettet werde, entstammt der Theologie: Eva, eine böse Frau, habe die Menschheit ins Unglück getrieben, die heilige Jungfrau Maria aber habe sie gerettet, indem sie Jesus zur Welt brachte. Keine geringere als die heilige Brigitta von Schweden gab den Anstoß, dieses Motiv auf Frankreich zu übertragen. 1347 prophezeite sie, der Krieg zwischen England und Frankreich werde durch eine Heirat zwischen dem englischen und dem französischen Königshaus beendet. Im Sinne dieser Wahrsagung interpretierten manche die Heirat zwischen König Richard II. von England und Isabelle, einer Tochter Karls VI. von Frankreich. Eine Jungfrau namens Isabelle, so schien es ihnen, würde das Problem lösen, dass durch eine andere französische Prinzessin gleichen Namens, die Mutter Eduards III., entstanden war. Später änderte man diese Argumentation etwas ab. Frankreich sei von Isabeau von Bayern, einer bösen Frau, ins Elend gebracht worden, und eine gute Frau, eine Jungfrau, werde es erretten. Diese Version jedoch ist bezeichnenderweise erst kurz nach Jeannes Erscheinen am Königshof belegt.

Ferner gab es eine alte Weissagung des englischen Gelehrten Geoffrey von Monmouth aus dem 12. Jahrhundert. Ihr zufolge sollte eine Jungfrau aus einem Eichenwald Bogenschützen besiegen und die Feinde aus dem Königreich vertreiben. Die Bogenschützen deutete man als Sinnbild für die Engländer, weil das englische

Heer sich durch seine Bogenschützen auszeichnete. Die Jungfrau musste folglich für Frankreich kämpfen.

Jeanne dürfte von einigen dieser Prophetinnen gehört haben. Außerdem kannte sie sicherlich Heiligenlegenden, in denen ähnliche Motive angesprochen wurden. Auch viele Zeitgenossen waren mit solchen Vorhersagen vertraut. Weder für Jeanne noch für andere war es also unerhört, als die Stimmen ihr befahlen, sie solle sich zum König begeben und ihn nach Reims zur Königsweihe geleiten. Diese Reise an den Königshof war nicht nur lang, sondern auch gefährlich, denn gut die Hälfte der rund 300 Kilometer langen Strecke führte durch Feindesland.

Schon am Vorabend des Johannistages 1428, also am 23. Juni, so gab später der Dorfbewohner Michel Lebuin zu Protokoll, habe Jeanne ihm gesagt, „dass es zwischen Coussey und Vaucouleurs eine Jungfrau gebe, die noch vor Ablauf eines Jahres den König von Frankreich weihen lassen werde."[26] Ein Jahr später habe die Weihe des Königs stattgefunden. Damit meinte Jeanne wahrscheinlich sich selbst. Wenn der Zeuge die Wahrheit sagte und sich auch an das Datum richtig erinnerte, hatten ihr die Stimmen also schon zu diesem Zeitpunkt ihre Mission aufgetragen. Noch ein halbes Jahr lang hielt sie dies jedoch geheim.

Kurz nach Weihnachten 1428 begab sich Jeanne nach Burey-le-Petit zu ihrer schwangeren Kusine gleichen Namens, um ihr zur Hand zu gehen. Sie blieb sechs Wochen lang bei ihr und ihrem Mann Durant Laxart. Von Burey konnte Jeanne leicht nach Vaucouleurs gelangen. Tatsächlich besuchte sie dort während dieser Zeit mehrere Male Catherine Le Royer.[27]

Jeanne hatte anscheinend den Plan gefasst, sich dem nächsten Beamten zu offenbaren, der auf Seiten Karls VII. stand. Dies war der Burghauptmann von Vaucouleurs Robert de Baudricourt. Es gelang ihr, Durant Laxart von ihrer Mission zu überzeugen. Wohl in den ersten Januartagen 1429 brachte er sie zu Baudricourt. Der Adlige aber glaubte ihr nicht, er hielt sie für verrückt. Daher empfahl er Laxart, Jeanne zurück zu ihrem Vater zu bringen und ihr ein paar Ohrfeigen zu geben.[28]

Jeanne ließ sich davon nicht lange abschrecken. Zu Beginn der Fastenzeit 1429, also um den 9. Februar, befand sie sich wieder in Vaucouleurs bei Catherine Le Royer. Diese sagte später über die Ungeduld, die Jeanne erfasst hatte, dass ihr die Zeit lang geworden sei wie einer Schwangeren vor der Niederkunft.[29] Wieder ging Jeanne zu Baudricourt, wieder wurde sie abgewiesen.

Wohl um diese Zeit reagierte der Burghauptmann auf die Angaben über ihre Visionen wenigstens insofern, als er eines Tages mit dem Pfarrer in Jeannes Unterkunft bei Catherine Le Royer erschien und erklärte, er wolle an der jungen Frau einen Exorzismus vornehmen lassen. Jeanne gehorchte und kniete vor dem Pfarrer nieder, der daraufhin den Ritus vollzog. Später erregte sie sich jedoch, dass der Pfarrer nicht gut gehandelt habe, schließlich habe er ihr doch die Beichte abgenommen.[30] Sie meinte damit, er hätte wissen müssen, dass sie nicht von einem bösen Geist besessen war.

Voller Ungeduld machte sie sich auf eigene Faust auf den Weg zum König, nur von Durant Laxart und einem anderen Mann namens Jacques Alain begleitet. Doch schon nach einer Wegstunde, an der Einsiedelei von Saint-Nicolas-de-Septfonds, kehrte sie um. Sie hatte nach eigenen Worten eingesehen, dass es nicht „ehrenhaft“ sei, auf diese Weise zum König zu reisen.[31] Wahrscheinlich fürchtete sie, dass die Reise zu gefährlich sei und womöglich auch am Hof niemand einem Bauernmädchen aus Lothringen Beachtung schenken würde, das fast ganz allein ankam.

Mittlerweile hatte sich die Neuigkeit herumgesprochen, dass eine junge Frau behauptete, Visionen zu haben und den König zur Weihe in Reims geleiten zu wollen. Auch Herzog Karl von Lothringen hörte davon und ließ sie zu sich nach Saint-Nicolas-de-Port kommen, das ungefähr 30 Kilometer östlich von Vaucouleurs im Herzogtum Lothringen lag. Nach Jeannes Schilderung war er krank und bat sie, ihn zu heilen. Sie lehnte ab, weil sie davon nichts verstehe. Außerdem machte sie ihm moralische Vorwürfe und sagte ihm, dass er nie wieder gesund werde, wenn er seine Frau nicht wieder zu sich nehme.[32] Wenn der Herzog sie aber bei ihrer Mission unterstütze, werde sie für ihn beten. Der Herzog gewährte ihr seine Hilfe nicht, gab ihr aber immerhin vier Franc, eine beachtliche Summe für einen kurzen Besuch, zumal Jeanne seine Bitte abgelehnt hatte. Vielleicht aber war dieses Ansinnen auch nur ein Vorwand gewesen, damit der Herzog sich selbst ein Urteil über Jeanne und ihr Vorhaben bilden konnte.

Denn als Jeanne nach Vaucouleurs zurückkam, änderte Baudricourt, der den Herzog gut kannte, seine Meinung über Jeanne. Er gab ihr ein Schwert und ein Pferd. Außerdem stellte er ihr vier Männer zur Verfügung, die sie begleiten sollten. Es handelte sich um zwei Adlige, Jean de Nouillompont, „von Metz“ genannt, und Bertrand de Poulengy, dazu den Diener Richard l’Archer und Colet de Vienne, der am königlichen

Hof den Posten eines Boten bekleidete und offenbar jetzt, nachdem er eine Aufgabe erfüllt hatte, zum Hof zurückreisen wollte.

Die beiden Adligen erklärten später, sie hätten sich freiwillig für diese Aufgabe angeboten, und stellten ihren Beitrag deutlich heraus. Wie die anderen Zeugen, die über Jeannes Zeit in Vaucouleurs sprachen, erwähnten sie Baudricourt kaum. Dieser konnte sich über seine Rolle nicht mehr äußern, weil er vor 1456 starb. Zweifellos aber war entscheidend, dass er als königlicher Amtsträger vor Ort Jeanne den Aufbruch gestattet hatte und dass er ihren vier Begleitern den Auftrag oder die Erlaubnis gegeben hatte, sie zu eskortieren.

Ebenso sicher war es Jeanne gelungen, einige Menschen in Vaucouleurs von ihrer Mission zu überzeugen. Sie halfen ihr nun, sich auszustatten. Vor allem bekam sie Männerkleidung, die sie wie selbstverständlich anzog. Zum Reiten war das praktischer, zudem meinte man wohl, Jeanne sei auf der Reise sicherer, wenn sie wie ein Mann aussehe, denn sie ließ sich auch die Haare abschneiden.

An welchem Tag Jeanne und ihre Begleiter ihren Weg begannen, ist nicht zweifelsfrei festzustellen, weil sich die Angaben in den verschiedenen Quellen widersprechen. Am wahrscheinlichsten ist, dass der Aufbruch am 23. Februar 1429 erfolgte. Vielleicht geschah dies aber schon früher, am 12. oder 13. Februar.

Die Worte, die Baudricourt zum Abschied an Jeanne richtete, blieben ihr im Gedächtnis, wohl auch deswegen, weil sie selbst angesichts ihres Wagnisses einige Beklommenheit gefühlt haben dürfte: „Geh, und komme, was wolle.“[33]

Kapitel 2

Am königlichen Hof

Ankunft in Chinon

Nach elftägigem, anstrengendem Ritt erreichte Jeanne mit ihren Begleitern wohl am 6. März 1429 den königlichen Hof in Chinon. Am Hof war bekannt, dass Jeanne kommen würde. Baudricourt hatte einen entsprechenden Brief gesandt, und auch Jeanne selbst hatte an der letzten Station der Reise, in Fierbois, veranlasst, dass ein Schreiben vorausgeschickt wurde. Dennoch musste Jeanne wohl einige Tage warten, bis sie zum König vorgelassen wurde.[34]

Was während diesen ersten Tagen geschah, lässt sich nicht genau feststellen. Jeanne und ihre Begleiter hatten Unterkunft in einem Gasthaus gefunden und es scheint, dass der königliche Rat sich nicht einig war, ob man ihr überhaupt Glauben schenken und sie dem König vorstellen sollte. Karl VII. selbst soll skeptisch gewesen sein und daher entschied man wohl, vorsichtig vorzugehen. Zunächst sprachen offenbar ein paar Geistliche mit Jeanne und stellten fest, dass sie nicht irrsinnig war und ihre Angaben nicht von vornherein gegen den Glauben verstießen. Außerdem wurde sie mit einiger Sicherheit schon jetzt einer medizinischen Untersuchung unterzogen. Die adligen Damen Gaucourt und Trèves stellten fest, dass Jeanne wirklich noch Jungfrau war. Dieser Beweis war die Voraussetzung für das weitere Vorgehen, da man nur bei einer Jungfrau sicher sein konnte, dass der Teufel über sie keine Macht hatte.

Schließlich wurde Jeanne zum König vorgelassen. Später gab sie an, sie habe schon in ihrem Brief aus Fierbois vorhergesagt, dass sie den König erkennen werde, wenngleich sie ihn noch nie zuvor gesehen hatte, und das sei tatsächlich so eingetreten. Dasselbe behauptete Jeanne auch über ihr erstes Treffen mit Baudricourt.[35] Es gehörte zu den Vorstellungen, die man von Propheten hatte, dass sie Leute erkennen konnten, die sie nicht kannten. Schon bald rankten sich Legenden um dieses erste Treffen, die fantasievoll davon berichteten, wie Jeanne den König erkannt hatte.

Schnell kam auch das Gerücht auf, Jeanne habe mit dem König allein gesprochen und ihm ein Geheimnis anvertraut, von dem niemand außer Karl VII. etwas wisse. Selbstredend gab es viele Versuche herauszufinden, welches Geheimnis das gewesen sein könnte. Tatsächlich geht auch dieses Gerücht auf eine zeitgenössische Vorstellung von den speziellen Fähigkeiten von Propheten zurück. Diese zeichneten sich gerade dadurch aus, dass sie Dinge wussten, die anderen Leuten nicht bekannt waren. Dabei konnte es sich um Zukünftiges handeln, aber auch um Geheimnisse aus der Vergangenheit. Wenn eine Prophetin zum König kam, lag es daher nahe anzunehmen, dass sie ihm ein Geheimnis anvertraute. Und wenn niemand erfuhr, worin das Geheimnis bestand, hieß das natürlich nicht, dass es keines gab. Im Gegenteil: Das Geheimnis war so wichtig, dass es unbedingt geheim bleiben musste.

Tatsächlich waren bei der ersten Zusammenkunft Jeannes mit Karl VII. einige königliche Räte zugegen, un-

Abb. 2: Burg und Stadt Chinon. Links auf dem Hügel die Hauptburg mit der Unterkunft des Königs, rechts das Château du Coudray, wo Jeanne untergebracht war.

ter anderem Raoul de Gaucourt, der neben anderen Ämtern dasjenige des Burghauptmanns von Chinon bekleidete. Er verlor in seiner Aussage von 1456 kein Wort darüber, dass bei der Begrüßung irgendetwas Ungewöhnliches passiert war oder dass der König und Jeanne unter vier Augen miteinander gesprochen hätten. Vielmehr berichtete er über das Treffen nur, was bei nüchterner Betrachtung der Dinge zu erwarten gewesen war: Jeanne habe dem König von ihrer Mission berichtet.

Zudem hielt Gaucourt fest, dass der König Jeanne der Obhut des Großhofmeisters Guillaume Bellier übergeben hatte. Offenbar als Begründung für diese Entscheidung fügte er hinzu: „Die Gattin dieses Bellier war eine sehr fromme Frau und besaß einen ganz hervorragenden Ruf."[36] Eine Frau, der man vollauf vertrauen konnte, sollte also Jeanne im Auge behalten und insbesondere auf ihren Lebenswandel achten. Das war wichtig, damit man ihre Glaubwürdigkeit als Prophetin beurteilen konnte. Um Jeanne besser überwachen zu können, quartierte man sie in einem Turm in einem Teil der Burg ein, der Château du Coudray genannt wurde.

Ein junger Adliger von 14 oder 15 Jahren namens Louis de Coutes, der in Gaucourts Diensten stand, sprach in dieser Zeit oft mit ihr. Wahrscheinlich war Louis von Gaucourt Jeanne als eine Art Page zugeteilt worden.[37] Während dieser Tage bekam Jeanne häufig Besuch von hochrangigen Männern.

Offenbar gab es auch noch wenigstens ein weiteres Gespräch Jeannes mit dem König. Herzog Johann II. von Alençon, der aus einer Nebenlinie des Königshauses stammte, erzählte 1456, er sei eines Tages in Chinon angekommen und habe den König im Gespräch mit Jeanne vorgefunden. Als er ihr vorgestellt wurde, sagte sie: „Seid höchst willkommen. Je mehr vom königlichen Blut hier sind, desto besser."[38] Möglicherweise aber handelte es sich um dasselbe Gespräch, von dem auch Gaucourt berichtet hatte.

Ein weiteres Zusammentreffen fand nach Aussage des Herzogs von Alençon am Tag darauf statt. Jeanne habe der Messe in der Burgkapelle beigewohnt. Danach hätten sich der König und Georges de La Trémoille, Karls einflussreichster Berater, sowie der Herzog selbst mit Jeanne zum Gespräch in eine Kammer zurückgezogen.

Diese Zusammenkunft führte wohl dazu, dass Jeanne an den folgenden Tagen von einigen Bischöfen und Gelehrten verhört wurde, die prüfen sollten, ob ihre Angaben Vertrauen verdienten.[39] Nach und nach beschäftigte man sich am Hof immer ernsthafter mit Jeanne.

Wie bei allen Entscheidungen am Königshof, spielte es eine große Rolle, dass es Parteiungen gab, die sich um hochrangige Adlige, oft Angehörige der Königsdynastie, scharten. Es ging diesen Gruppen um Einfluss auf die Politik, und auf die Verteilung von Posten. Als Jeanne nach Chinon kam, strebte eine Partei offensichtlich nach Verhandlungen mit den Engländern, während ein anderer Teil der Höflinge dafür war, Jeanne eine Chance zu geben.

Solange Jeanne mit dem Hof zu tun hatte, dominierten an ihm zwei große Gruppen. Die eine Gruppe scharte sich rund um den Adligen Georges de La Trémoille, der bei Karl VII. über sehr großen Einfluss verfügte. An der Spitze der anderen stand die Schwiegermutter des Königs, Yolande von Aragón, Herzoginwitwe von Anjou.

Abb. 3: Im Saal im ersten Stock dieses Gebäudes, das zur Unterkunft des Königs in der Burg Chinon gehört, soll der Legende nach das erste Treffen zwischen Jeanne und Karl VII. stattgefunden haben. Die Überreste lassen erkennen, welchen Lebensstil Jeanne am Hof kennen lernte.

Am wichtigsten für Jeanne war eine Gruppe, die vor vier Jahren viel Macht eingebüßt hatte und die nun noch den Rest ihres Einflusses zu verlieren drohte: die Parteigänger Herzog Karls von Orléans, eines Cousins Karls VII. Da Karls Vater 1407 im Auftrag des burgundischen Herzogs Johann Ohnefurcht ermordet worden war, waren seine Parteigänger deutlich antiburgundisch eingestellt. Ein Nachteil für diese Gruppe bestand darin, dass Karl von Orléans seit der Schlacht von Azincourt im Jahr 1415 in englischer Gefangenschaft saß und bisher alle Versuche, ihn freizukaufen, gescheitert waren.

Die Belagerung der Stadt Orléans gefährdete diese Parteiung, denn die Stadt gehörte zum Herzogtum Orléans und war ihr ertragreichster Teil. Die Beamten des Herzogs nahmen dieses Geld auch während seiner Gefangenschaft getreulich für ihn ein. Sollte die Stadt Orléans in die Hand der Engländer fallen, würde der Herzog bedeutende Einkünfte verlieren und könnte nie freigekauft werden. Alle Anhänger Karls würden Geld und Einfluss verlieren und womöglich würde die ganze Orléans-Partei zerfallen.

Es war also kein Wunder, dass die Anhänger der Orléans-Partei sich gerade jetzt sehr um ihren Herzog sorgten – denn sein Schicksal betraf sie selbst in diesen Wochen noch viel unmittelbarer als zuvor.

Wie ein Wunder aber muss es den Mitgliedern dieser Gruppierung erschienen sein, dass in dieser schwierigen Zeit Jeanne an den Königshof kam und zum energischen Kampf gegen die Engländer aufrief. Beginnen musste man diese Offensive selbstverständlich, indem man das bedrohte Orléans rettete. Viele ihrer treuesten Unterstützer während der Wochen in Chinon und auch später gehörten der Orléans-Partei an. Der Herzog von Alençon war der Schwiegersohn Karls von Orléans. Raoul de Gaucourt war nicht nur Burghauptmann von Chinon, sondern auch herzoglicher Gouverneur von Orléans. Schon sein gleichnamiger Vater hatte hochrangige Positionen am Hof Karls von Orléans eingenommen. Louis de Coutes, der sich in Chinon um Jeanne kümmerte, war der Sohn des verstorbenen Jean de Coutes, der mehrere hohe Ämter am Hof Ludwig und Karls von Orléans innegehabt hatte. Auch dessen Bruder Hugues hatte einen Posten am Orléans-Hof eingenommen.[40]

In Orléans und Poitiers wurde Jeanne bei herzoglichen Räten einquartiert. Jeanne sollte in Orléans Jean von Orléans treffen, der das Kommando im Loire-Tal führte. Es handelte sich bei ihm um einen unehelichen Sohn des ermordeten Ludwig von Orléans, also einen Halbbruder Herzog Karls. Man nannte Jean daher „Bastard von Orléans", was keine Beleidigung darstellte, sondern bei illegitimen Söhnen von Adligen üblich war.

Diese Leute förderten Jeannes Vorhaben nicht nur durch den Versuch direkter Einflussnahme auf die Entscheidungen des Königs, sondern wahrscheinlich auch, indem sie Jeanne jene Informationen gaben, die notwendig waren, um am königlichen Hof bestehen zu können.

Denn auf Jeanne strömten in diesen Tagen unzählige neue Eindrücke ein. Am Hof hielten sich zu diesem Zeitpunkt sicherlich mehrere Hundert Menschen auf, deutlich mehr, als ihr Heimatdorf an Einwohnern zählte. Die Höflinge pflegten andere Umgangsformen, sprachen andere Dialekte und benutzten einen anderen Sprachstil. Jeannes lothringischer Dialekt fiel auf, manche lachten darüber. Über viele Dinge, die am Hof allen geläufig waren, wusste Jeanne nur wenig.

Über manches wiederum hatte Jeanne ganz andere Ansichten als die Höflinge. Sehr deutlich zeigten sich ihre Vorstellungen von Politik in den Worten, die sie laut Poulengy, ihrem Begleiter auf dem Ritt nach Chinon, bei ihrem ersten Treffen mit Baudricourt geäußert haben soll: „Jeanne sagte nämlich, dass das Königreich nicht dem Dauphin gehöre, sondern ihrem Herrn. Ihr Herr aber wolle, dass der Dauphin König werde und dass er das Königreich als eine Kommende besitze. Sie sagte, dass ungeachtet der Feinde der Dauphin zum König gemacht werde und sie selbst ihn zur Weihe geleiten werde."[41]

Drei Elemente ihrer Weltsicht, die man als durchaus ungewöhnlich bezeichnen kann, erscheinen in diesen Worten und andere, von Poulengys Aussage ganz unabhängige Quellen bestätigen, dass sie für Jeannes Denken typisch waren. Jeanne bezeichnete Gott mit den Worten „mein Herr". Das tat sie immer und theologisch war dies nicht falsch. Gemeinhin aber sagte man „unser Herr", wenn man von Gott sprach. „Mein Herr" (mon seigneur) dagegen war die Anrede für einen Adligen oder für den König. Wenn Jeanne so sprach, drückte sie aus, was sie tatsächlich meinte: Sie unterstand Gott. Das galt im Grunde für alle Christen, aber sie fasste dieses Verhältnis enger und direkter auf als die meisten ihrer Zeitgenossen.

Außerdem bezeichnete Jeanne Karl VII. als Dauphin. Das taten auch die Engländer und Burgunder, weil sie ihn nicht als rechtmäßigen König betrachteten, ihm aber die Herrschaft über die Dauphiné, die rechtlich auf Reichsgebiet lag, nicht bestreiten konnten. Jeanne hingegen benutzte diesen Titel, weil sie der Auffassung war, dass erst die Königsweihe den Thronfolger zum König machte. Das widersprach der rechtlichen Lage und der politischen Praxis. Seit langem schon führte, wenn ein König starb, der Nachfolger sofort den Königstitel und nahm alle Befugnisse wahr. Auch Karl VII. tat dies seit dem Tod seines Vaters und seine Höflinge nannten ihn seither König. Jedoch war dies die Sicht der politisch Aktiven und der Juristen, Jeanne dagegen vertrat eine Auffassung, die eher in den breiten Schichten des Volkes Anhänger fand.

Zum Dritten verfocht Jeanne eine Theorie über die Beziehung des Herrschers zu Gott, die ebenfalls eher im Volk als in den führenden Kreisen Rückhalt fand. Laut ihr war dem König das Königreich von Gott nur anvertraut; das meinte der aus dem Kirchenrecht stammende Begriff Kommende.

Einen ähnlichen Gedanken äußerte Jeanne in etwas anderer Weise auch gegenüber Karl VII., wie der Herzog von Alençon ganz unabhängig von Poulengy berichtete: „Dann stellte Jeanne dem König mehrere Forderungen, unter anderem, dass er sein Königreich dem himmlischen König schenken solle, und der himmlische König werde handeln, wie er es schon mit seinen Vorgängern getan hätte, und ihn in seine vorherige Stellung wieder einsetzen."[42] Der König sollte demnach nur jene Lage herstellen, die nach der von Poulengy wiedergegebenen Auffassung schon bestand. Beide Äußerungen passen zu den messianischen Erwartungen, die im Sommer 1429 eine Konjunktur erlebten. Der König sollte ein enges Band zu Gott herstellen, dann würde er große Erfolge feiern, ja sogar Jerusalem von den Ungläubigen befreien.

Jeanne verfocht also Auffassungen, die mit der rechtlichen Stellung des Königs und mit seinen politischen Möglichkeiten wenig zu tun hatten. Natürlich kannten der König und seine Räte das Gedankengebäude, das die Propagandisten des Königtums errichtet hatten, und gewiss hielten sie es im Grundsatz für richtig. Aber es muss sie befremdet haben, dass Jeanne daraus konkrete politische Maßnahmen ableiten wollte und dass sie zugleich von den alltäglichen Problemen nichts wusste und nichts hören wollte. Jeanne verehrte den Mythos des Königtums. Karl VII. kannte die Realität.

Jeanne vertrat also ganz andere Auffassungen von Politik als der König, seine Juristen und seine Höflinge. Außerdem fehlte ihr jedes Wissen über die konkreten Probleme der französischen Politik. Beides trug dazu bei, dass die Höflinge sie für „schlicht" (simplex, simple) hielten. Die Frau eines königlichen Rats, bei der Jeanne später einige Wochen wohnen sollte, sagte, „dass Jeanne sehr schlicht und unwissend war und überhaupt nichts wusste, außer in Kriegsdingen."[43] Sogar der ihr sehr wohlgesonnene Herzog von Alençon urteilte, „dass Jeanne bei allen ihren Handlungen – außer im Kriegswesen – schlicht und jung war."[44]

Die Charakterisierung Jeannes als „schlicht" bedeutete eindeutig, dass ihr Kenntnisse und Wissen fehlten, dass sie arm und von sozial geringer Herkunft war. Sie hat jedoch noch eine andere Nuance, die in den Worten deutlich wird, mit denen Gaucourt Jeannes Auftreten während ihrer Audienz beim König beschreibt: Sie habe sich dem König in Chinon „mit großer Bescheidenheit und Schlichtheit, wie eine arme kleine Hirtin" vorgestellt.[45] In den Evangelien gilt Schlichtheit als eine Eigenschaft, die es ermöglicht, ein Weg, Gott besonders nahe zu kommen, und diese Auffassung vertrat man auch im 15. Jahrhundert. Wer schlicht war, wessen Kopf nicht voller weltlichem Wissen steckte, war offen für Gottes Wort. Für Jeannes Anhänger war ihr mangelndes Wissen ein Indiz dafür, dass sie wirklich von Gott gesandt war.

Vor der Untersuchungskommission

Schon nach wenigen Tagen muss Jeanne Chinon wieder verlassen haben, denn der König hatte entschieden, dass eine Kommission von Gelehrten sie untersuchen sollte. Bei diesen Experten handelte es sich vor allem um Theologen, dazu kamen einige Juristen und königliche Räte, darunter Renaud de Chartres, Kanzler des Königs und Erzbischof von Reims. Die Untersuchung sollte im 50 Kilometer südlich von Chinon gelegenen Poitiers stattfinden, sicherlich deswegen, weil viele der Kommissionsmitglieder dort wohnten, an der dortigen Universität lehrten oder als Juristen am Parlament, dem höchsten Gericht Frankreichs, wirkten. Jeanne wurde im Haus von Jean Rabatiau untergebracht, der das Amt eines Advokaten im Parlament innehatte.[46]

Drei Wochen lang[47] versuchten die Gelehrten sich ein Urteil darüber zu bilden, ob Jeanne wirklich Visionen hatte und ob diese von Gott inspiriert waren. Dazu beobachteten sie ihren Lebenswandel genau und fanden ihn tadellos. Jeanne war nach Meinung der Kommission fromm, keusch, nie untätig, kurz, sie war eine gute Christin.

Weitaus schwieriger war es für Jeanne, vor den Fragen der Kommissionsmitglieder zu bestehen. Denn Jeannes Vorstellungen von Gott, von den Heiligen, von Frömmigkeit basierten auf den Kenntnissen, die sie von den Geistlichen in Lothringen, ihrer Mutter und vielleicht einigen anderen Dorfbewohnern erworben hatte. Jetzt stand sie Männern gegenüber, die ihre Fragen vor dem Hintergrund langjährigen Studiums und umfangreichen gelehrten Wissens stellten.

Die Gespräche mit Jeanne wurden offenbar protokolliert, denn Jeanne berief sich später, während ihres Prozesses in Rouen, mehrfach auf ein Register, das diese Kommission angelegt habe und das in Poitiers aufbewahrt werde. Dieses Dokument ist jedoch nicht erhalten, und so ist nicht bekannt, was im Einzelnen gefragt wurde.

Zwei Aussagen von 1456 zeigen jedoch, dass Jeanne sich manchmal nur durch Erwiderungen zu helfen wusste, die recht frech klangen. Sie selbst erzählte später, sie habe der Kommission in Poitiers gesagt: „In den Büchern unseres Herrn steht mehr als in euren.“[48] Das war theologisch einwandfrei, ließ aber doch den gebotenen Respekt gegenüber den gelehrten Herren vermissen.

Dem Kommissionsmitglied Seguin, einem Doktor der Theologie und Dominikanermönch, blieben folglich von der ganzen Untersuchung vor allem solche schlagfertigen Antworten im Gedächtnis. Ein Kollege, so berichtete er 1456, habe Jeanne gefragt, warum sie Soldaten brauche, wenn doch Gott Frankreich befreien wolle. Gemeint war, dass Gott Frankreich aufgrund seiner Allmacht ohne militärische Unterstützung befreien könne. Darauf habe Jeanne erwidert: „Im Namen Gottes, die

Soldaten werden kämpfen und Gott wird den Sieg geben."[49]

Seguin erinnerte sich auch, dass er selbst fragte, in welcher Sprache die Stimme, die Jeanne ihren Auftrag gegeben habe, spreche. „Sie antwortete, dass sie in einer besseren Sprache redete als der Zeuge (Seguin), der die Sprache des Limousin redete." Auch habe Seguin gefragt, ob sie an Gott glaube. Jeanne habe das bejaht und hinzugefügt, sie glaube mehr an Gott als er.

Schließlich habe er ein Zeichen von Jeanne verlangt, ein Wunder, das Gottes Willen belegte, dass die Menschen ihr glauben sollten. Man könne ihr doch nicht „aufgrund ihrer bloßen Behauptungen" Soldaten anvertrauen und diese dadurch in Gefahr bringen. Darauf habe Jeanne erwidert: „Im Namen Gottes, ich bin nicht nach Poitiers gekommen, um Zeichen zu geben. Aber bringt mich nach Orléans. Ich werde euch die Zeichen zeigen, derentwegen ich gesandt bin."

Seguin äußerte interessanterweise keine Kritik an Jeannes Benehmen. Vielmehr zeichnete er ein sehr positives Bild von ihr und er erzählte auch diese Episoden nur deswegen, weil sie seiner Meinung nach für Jeanne günstig waren. Tatsächlich waren alle Antworten, die sie gab, wahr und theologisch korrekt. Für Seguin zeigte sich darin ihre Rechtgläubigkeit, vielleicht auch ihr Auserwähltsein. Denn so viel Intelligenz und Wissen waren bei einem Bauernmädchen alles andere als selbstverständlich und daher Indizien dafür, dass Gott die Jungfrau erwählt hatte.[50] Was den Ton ihrer Antworten anging, wären sie bei einem anderen Bauernmädchen als dreiste Respektlosigkeit gegenüber den Gelehrten erschienen. Aber bei Jeanne konnte dies ebenfalls als Zeichen ihres Auserwähltseins ausgelegt werden – vielleicht gab Gott Jeanne die Kraft, so selbstbewusst aufzutreten.

An Seguins Aussage ist auch interessant, dass Jeanne angab, sie werde ihr Zeichen vor Orléans geben. Anderen Zeugen zufolge, die der Kommission nicht angehörten, sprach Jeanne vor den Gelehrten konkreter davon, dass das Zeichen die Aufhebung der Belagerung sein werde.[51]

Die Zeugen aus Jeannes Heimat, die 1456 vernommen wurden, wussten jedoch nur davon, dass sie Karl VII. nach Reims führen wollte. Dieses Ziel entsprach den gängigen Vorstellungen über das Wesen der französischen Monarchie und ihrer Verbindung zu Gott – und diese Vorstellungen hatte Jeanne schon gekannt, als sie noch in Domrémy gelebt hatte. Von der Belagerung von Orléans hörte sie in Lothringen wohl kaum etwas und sicherlich erkannte sie nicht die Tragweite dieses Geschehens.

In Chinon aber konnte ihr nicht entgehen, wie viele Sorgen man sich am Hof wegen Orléans machte, zumal unter den Anhängern der Orléans-Partei, mit denen sie viel zu tun hatte. Erst zwei oder drei Wochen vor ihrer Ankunft hatten französische Truppen in der sogenannten Heringsschlacht eine schwere Niederlage erlitten, was die Gefährdung für die Stadt weiter erhöhte. Diese Niederlage war gewiss auch noch während Jeannes Aufenthalt in Chinon ein Gesprächsthema am Hof. So muss ihr klar geworden sein, dass der Kampf gegen die Engländer vor Orléans beginnen musste.

Als Jeanne dann in Poitiers hartnäckig nach einem Zeichen gefragt wurde, konnte sie zunächst keines vorweisen. Vielleicht hatte sie nie daran gedacht, dass eine Prophetin ein Zeichen brauchte. Ihr selbst reichten die

Stimmen. Auch hatten die Menschen, die sie in Lothringen von ihrer Mission überzeugt hatte, kein Zeichen sehen wollen. Aus der bloßen Frage der Kommission aber erfuhr sie, wie wichtig dieses Zeichen für ihre Glaubwürdigkeit war. Sie tat das Einzige, was sie tun konnte: Sie versprach ein Zeichen, das sie noch geben werde, und wie es nahe lag, wählte als Zeichen das, was sich alle erhofften. Von nun an nannte sie stets zwei Aufgaben, deren Erfüllung ihr die Stimmen aufgetragen hätten: die Aufhebung der Belagerung von Orléans und die Königsweihe.

An Jeannes Vorgehen zeigt sich eindrucksvoll, wie schnell sie lernte und wie konsequent sie neues Wissen für ihre Zwecke nutzte. Sicherlich war das keine bewusste Manipulation, denn Jeanne war von der Echtheit ihrer Visionen überzeugt und hätte daher wohl keinen Auftrag erfunden. Aber die Stimmen hatten auch schon in Domrémy ausgedrückt, was Jeanne dachte und fühlte, und das taten sie jetzt wieder.

An Seguins Aussage lässt sich ablesen, dass Jeanne ihre Aufgaben noch um zwei erweiterte. Ob dies schon in Poitiers oder erst später geschah, lässt sich dem Protokoll der Zeugenvernehmung nicht entnehmen. Seguin sagte nur, Jeanne habe insgesamt vier Vorhersagen gemacht: Die Belagerung von Orléans werde aufgehoben, Karl VII. in Reims geweiht, Paris zurückerobert und der Herzog von Orléans aus der englischen Gefangenschaft befreit. Alle diese Vorhersagen seien eingetroffen.

Entweder trügt Seguin hier die Erinnerung oder er korrigierte sie bewusst ein wenig, damit seine Aussage für Jeanne günstiger erschien. Ursprünglich aber betraf Seguins Viererliste vier Vorhersagen, die Jeanne alle selbst wahr machen wollte. Dies zeigt eine Äußerung des Herzogs von Alençon, in der eine ganz ähnliche Liste erscheint: „Er (der Herzog) hörte irgendwann, wie Jeanne dem König sagte, dass sie selbst ein Jahr und nicht mehr andauern werde, und dass sie überlegen sollten, in diesem Jahr gut zu handeln, denn wie sie sagte, habe sie vier große Aufgaben, nämlich die Engländer zu vertreiben, den König im Reims krönen und weihen zu lassen, den Herzog von Orléans aus den Händen der Engländer zu befreien und die Belagerung von Orléans durch die Engländer aufzuheben."[52]

Wie wichtig Paris für das Königreich war, muss Jeanne in Chinon schnell erfahren haben, und auf das Schicksal Herzog Karls von Orléans dürften sie gewiss ihre Förderer aus der Orléans-Partei aufmerksam gemacht haben. So ergänzte sie ihre Aufgaben um zwei und benannte insgesamt vier – vielleicht schon in Poitiers, vielleicht aber auch erst, als sie die beiden ersten Aufgaben bereits erfüllt hatte.

Mit ihrer schnellen Auffassungsgabe dürfte es ihr in ganz ähnlicher Weise gelungen sein, die Gelehrten auch in anderen Punkten von ihrer Sendung zu überzeugen. Ihr Wissen war gering, doch aus den Fragen der Gelehrten schloss sie, was diese hören wollten.

Die Kommission beendete ihre Untersuchung, wohl vor Ostern 1429, also vor dem 27. März. Ihre Aufgabe bestand anschließend noch darin, frühere Prophezeiungen zusammenzustellen, die Jeannes Kommen vorhergesagt hatten, denn Propheten wurden von anderen Propheten angekündigt.

Das Urteil der Experten über Jeanne war insgesamt positiv, wenn auch etwas verhalten. Zu erschließen ist dies aus einem Text, der unter dem Titel „Meinung der Gelehrten“ verbreitet wurde. Tatsächlich handelt es sich jedoch nicht um die formelle abschließende Beurteilung der Kommission, sondern um eine Schrift, welche die Öffentlichkeit im Sinne des königlichen Hofes beeinflussen sollte. Da sich der Text an ein größeres, nicht-lateinkundiges Publikum wendet, ist er auf Französisch verfasst, während die Gelehrten für ein wissenschaftliches Gutachten wohl das Lateinische bevorzugt hätten.

Die „Meinung der Gelehrten“ begründete öffentlich jene Entscheidung, die schon bald nach der Untersuchung von Poitiers am Hof getroffen wurde. Jeanne sollte mit dem Heer nach Orléans ziehen.

Der Text beginnt mit einer klaren Feststellung: „Der König darf … keineswegs die Jungfrau, die – wie sie sagt – von Gott gesandt ist, um ihm Hilfe zu leisten, abweisen oder wegschicken, ungeachtet des Umstands, dass ihre Versprechungen nur Menschenwerk sind. Ebenso wenig darf er voreilig und leichtfertig an sie glauben.“[53] Da Jeannes „Versprechungen nur Menschenwerk“ seien, was bedeutet, dass es einstweilen nur ihre eigene Aussage gab, blieb dem König dem Text zufolge keine andere Wahl, als Jeanne prüfen zu lassen. Wie auch die Bibel sage, gebe es dafür zwei Wege, „nämlich Beweisführung durch menschliche Klugheit und durch das Gebet, in dem man ein Zeichen von Gott erbittet.“

Ersteres sei geschehen. Der König „behielt sie sechs Wochen lang bei sich, um sie allen Leuten zu zeigen, Gelehrten, Geistlichen, frommen Leuten, Kriegsleuten, Frauen, Witwen und anderen.“ Dieser Satz bezieht sich nicht nur auf die dreiwöchige Untersuchung in Poitiers, sondern auf die Beobachtungen, die man seit Jeannes Erscheinen am Hof hatte machen können. Es habe sich gezeigt, dass in Jeanne nichts Böses, sondern nur Gutes sei: „Demut, Jungfräulichkeit, Frömmigkeit, Ehrbarkeit, Schlichtheit."

Was die zweite Art der Beweisführung angehe, habe die Jungfrau nur gesagt, sie werde das Zeichen vor Orléans geben. Aus diesen Feststellungen ergab sich die Schlussfolgerung: „Der König ... darf sie nicht hindern, mit seinen Soldaten nach Orléans zu ziehen, sondern er soll sie ehrbar dorthin geleiten lassen und auf Gott hoffen."

Die Grundaussage des Texts ist eindeutig: Karl VII. tat nur das, was er ohnehin tun musste. Als Jeanne erschienen war, war er gezwungen gewesen, sie untersuchen lassen. Da das Ergebnis der Untersuchung nun keinen Hinweis darauf lieferte, dass sie nicht von Gott gesandt war, musste er ihr eine Chance bieten, dieses Zeichen zu geben. Diese Argumentation rechtfertigte das Handeln des Königs. Sie ließ aber auch die Möglichkeit offen, Jeanne sofort wieder fallen zu lassen, wenn es kein Zeichen geben würde, anders gesagt, wenn sie keinen Erfolg haben sollte.

Zusammen mit anderen Texten, die Jeannes Auserwähltsein beweisen sollten, wurde dieser Text zwischen Ende März und Juli 1429 von der königlichen Kanzlei in ganz Frankreich, auch im englisch besetzten Teil, verbreitet; in Deutschland kannte man ihn ebenfalls. Jeanne wurde gezielt zu einer weithin bekannten Person gemacht.

Auch Jeanne trug dazu bei, dass sie bekannt wurde. Der Adlige Gobert Thibaut erzählte 1456, er habe Jeanne eines Tages in Poitiers mit zwei Theologen, die der Untersuchungskommission angehörten, in deren Unterkunft besucht. Die Jungfrau habe ihm zur Begrüßung auf die Schulter geklopft und dann nach einem kurzen Gespräch die drei gefragt, ob sie Papier und Tinte hätten. Als sie bejahten, habe Jeanne gesagt: „Schreibt auf, was ich sage."[54] Gobert zitierte hiernach den Anfang des Diktierten aus dem Gedächtnis. Seine Worte stimmen nicht mit den tatsächlichen ersten Worten des Briefs an die Engländer überein, doch kann es sich nur um diesen Text handeln.

Jeannes Diktat ist dem Text deutlich anzumerken. Gedanklich ist er ungeordnet, die Sprache ist nicht elegant. Sie spricht von sich selbst als der Jungfrau in der dritten Person, wechselt aber einmal abrupt in die erste Person. Vor allem aber entspricht er weitgehend ihrer Gedankenwelt, wie sie sich auch aus anderen Quellen erschließen lässt.[55] Die Adressaten des Briefs sind der englische König, dessen Regent in Frankreich und die drei Hauptleute, die an der Loire kommandierten. Nach der Anrede fährt sie fort: „Gebt Gott sein Recht und übergebt der Jungfrau, die von Gott, dem König des Himmels, gesandt wurde, die Schlüssel aller Guten Städte, die Ihr in Frankreich genommen und geschändet habt."

Jeannes Ziel ist damit eindeutig benannt, nicht um irdisches Recht oder um bloße Politik geht es ihr, sondern um die Herstellung der göttlichen Ordnung. An anderer Stelle schreibt sie, dass Gott das Königreich Frankreich nicht an Heinrich VI., sondern an Karl VII. verliehen habe. Sie, die Jungfrau, wolle auf Erden Gottes Recht durchsetzen. Das rechtfertigt in ihren Augen auch ihre Forderung, die Engländer sollten die besetzten Städte aufgeben. Ihre Worte werden noch drastischer: „König von England, wenn Ihr das nicht tut, bin ich der Kriegsherr, und wo immer ich Eure Leute in Frankreich finde, werde ich sie verjagen, ob sie wollen oder nicht. Wenn sie nicht gehorchen, so werde ich sie alle töten lassen. Und wenn sie gehorchen, werde ich ihnen gnädig sein. Ich bin von Gott, dem König des Himmels, hierher gesandt, um Euch Mann für Mann aus Frankreich zu vertreiben."

Solch unverhohlene Drohungen waren in der ritterlich-adligen Kultur nicht üblich und stellten einen Bruch mit den Konventionen dar. Aus ihrer Sicht aber darf Jeanne so sprechen, weil sie Gottes Willen ausführt. Folgerichtig fährt sie fort: „Wenn Ihr die Botschaft Gottes und der Jungfrau nicht glaubt, so werden wir auf Euch dreinschlagen, wo immer wir Euch finden. Wir werden, wenn Ihr nicht Gerechtigkeit übt, ein so großes Kriegsgeschrei erheben, wie man es in Frankreich seit tausend Jahren nicht gehört hat."

Bevor sie in den Kampf zieht, muss sie diesen Brief und zwei weitere, ähnliche Schreiben abfassen. Wenn diese drei Abmahnungen nicht beachtet werden, erfolgt die gerechte Strafe. Denn es geht ihr in diesen Briefen nicht nur um die Durchsetzung von Gottes Recht, sondern auch um das Leben von Christen: „Ihr, Herzog von Bedford, die Jungfrau bittet Euch und fordert Euch auf, dass Ihr Euch nicht zerstören lasst." Ihre Mahnungen sollen den Engländern die Chance geben, ihr Leben und ihr Seelenheil zu retten, denn wenn sie nachgäben, entfiele jeder Grund, den Krieg weiterzuführen: „Sie ist bereit, Frieden zu machen, wenn Ihr der Jungfrau Genugtuung widerfahren lasst."

Weil hinter diesem Brief die Vorstellung steht, Gottes Recht durchzusetzen, entwirft Jeanne konsequenterweise eine Art rechtliches Verfahren. Drei Mal werden die Engländer abgemahnt, drei Mal erhalten sie die Gelegenheit, ihre Sünden einzusehen, ihr Leben und ihr Seelenheil zu retten. Wenn sie dem nicht entsprächen, das heißt, wenn sie Jeannes Forderungen nicht nachgäben, drohte ihnen der Tod.

Der Brief erfuhr eine enorme Verbreitung. Zusammen mit der „Meinung der Gelehrten" und verschiedenen Prophezeiungen, die auf Jeanne hindeuten sollten, wurde er von der königlichen Kanzlei gezielt in Umlauf gebracht Daher findet sich sein Wortlaut in mehreren Chroniken.

Die Engländer und Burgunder empfanden den Brief verständlicherweise als Ausdruck frechen Hochmuts, als Versündigung gegenüber Gott. Im Prozess von Rouen sollte der Brief daher eine große Rolle spielen. Besonders drei Stellen warf das Gericht Jeanne vor. Erstens, dass „die Schlüssel der Guten Städte" an Jeanne übergeben werden sollten; zweitens, dass sie sich als „Kriegsherr" (chef de guerre) bezeichnete, und drittens, dass sie die Engländer „Mann für Mann" vertreiben wolle. Jeanne wehrte sich gegen die Anschuldigungen mit der Behauptung, sie habe diese Worte nicht diktiert, die königliche Kanzlei habe sie eingefügt.[56]

Wahrscheinlich entsprach das der Wahrheit. Jeannes Worte wurde also bewusst verfälscht und verbal verstärkt, obwohl sie schon drastisch genug waren. Die Idee, einen solchen Brief zu schreiben, stammte jedoch zweifellos von Jeanne selbst, ebenso der Großteil des Textes. Der Grundgedanke wie die konkreten Formulierungen, abgesehen von den erwähnten Ausnahmen, entsprechen ganz ihrem festen Glauben daran, Gottes Willen umzusetzen. Die Mitglieder der königlichen Kanzlei wären gar nicht auf den Gedanken gekommen, einen solchen Text zu verfassen.

La Pucelle

Weder in der „Meinung der Gelehrten" noch im Brief an die Engländer wird Jeannes Name genannt. Es heißt immer nur „la Pucelle". Im Deutschen gibt man dieses Wort mangels einer treffenderen Übersetzung mit „Jungfrau" wieder. Das ist insofern misslich, weil das Wort sich im heutigen Deutsch ausschließlich auf den Aspekt der sexuellen Unberührtheit bezieht. Dem entspräche im Französischen des 15. Jahrhunderts das Wort „vierge", im Lateinischen „virgo". Mit pucelle bezeichnete man Frauen in einem bestimmten Lebensalter, zwischen dem Beginn der Pubertät und der Heirat. Jungfräulichkeit im sexuellen Sinn sollte nach Auffassung von Jeannes Zeitgenossen bei einer pucelle selbstverständlich sein.

Mit dem Wort pucelle aber verband man noch andere Eigenschaften, die eine heranwachsende Frau im 15. Jahrhundert tunlichst haben sollte. Dazu gehörten Demut, Gehorsam, Schamhaftigkeit, Frömmigkeit und Zurückhaltung bei allen irdischen Freuden. Während die Bezeichnung „vierge“ den Schwerpunkt auf den körperlichen Aspekt legte, ging die Bedeutung von Pucelle weit darüber hinaus. Jeanne legte diese Eigenschaften nicht immer an den Tag. So konnte sie wütend werden, wenn jemand die Engländer nicht energisch genug bekämpfen wollte. Überhaupt wäre eine pucelle, die dem Idealbild entsprach, nicht in den Krieg gezogen.

In Lothringen hatte niemand Jeanne Pucelle genannt. Es wäre auch eigenartig gewesen, wenn Jeanne sich dort, wo alle sie beim Namen kannten, als „die Jungfrau“ bezeichnet hätte. Erst seit ihrem Aufenthalt in Chinon oder Poitiers wurde sie so genannt. Ob sie selbst auf den Gedanken kam oder ob es jemand anderes war, ist wenig erheblich. Entscheidend ist, dass sowohl Jeanne als auch ihre Umwelt diese Bezeichnung offenbar geradezu gierig aufnahmen und verwendeten.

Was Jeanne tat, war für ihre Zeitgenossen schwer in ihr Weltbild einzupassen. Das Wort pucelle bot die Möglichkeit, ihre Person und ihre Rolle so zu beschreiben, dass das Althergekommene mit dem Ungewöhnlichen versöhnt wurde. Es reklamierte für Jeanne Jungfräulichkeit, Demut, Frömmigkeit und suggerierte, dass all das, was in ihrem realen Auftreten dem Idealbild von jungen Frauen widersprach, durch diese moralische Makellosigkeit legitimiert wurde.

Zugleich hob die Bezeichnung „la Pucelle“ sie über die Person Jeanne hinaus und machte sie zu etwas Besonderem. Sie war nicht nur irgendeine, sie war die Jungfrau. Diese Einzigartigkeit verwies auf ihr Auserwähltsein. Darüber hinaus rechtfertigte die Benennung „la Pucelle“ auch, dass Jeanne Dinge tat, die nach den gängigen Vorstellungen von der göttlichen Weltordnung nicht erlaubt waren. Weil die Pucelle von Gott gesandt war, durfte sie die sonst gültigen Normen überschreiten.

Was Jeanne anging, so bestimmten die Bezeichnung „la Pucelle“ und die damit verbundenen Vorstellungen ihr Selbstbild. Wie im Brief an die Engländer, nannte sie sich selbst immer wieder so und sprach von sich in der dritten Person. Auch ihre Anhänger konnten so kurz und bündig benennen, was sie in ihr sahen. Sogar für Jeannes Feinde beeinflusste die Bezeichnung „la Pucelle“ die Benennung und die Wahrnehmung ihrer Person. Sie nannten sie nicht Jeanne oder Jeanne d'Arc. Bestenfalls beschrieben sie sie umständlich als die Person, welche die Anhänger des Valois-Königs als la Pucelle bezeichneten. Oft aber drängte es sie, die Bezeichnung der Pucelle zu widerlegen und nannten Jeanne eine Hure.

Die Ausrüstung der Jungfrau für den Krieg

Nachdem die Entscheidung, Jeannes Wunsch nachzugeben, gefallen war, mussten konkrete Vorbereitungen getroffen werden. Dazu zählte zunächst, dass Jeanne in Chinon ganz offiziell eine Audienz beim König erhielt.

Während ihres zweiten Aufenthalts in Chinon trug sich etwas zu, was Jeannes späterer Beichtvater von ihr selbst und von mehreren anderen Augenzeugen gehört haben wollte. Er erzählte eine Wundergeschichte vom Tag der Königsaudienz: „Als Jeanne an diesem Tag den Palast des Königs betrat, um mit ihm zu sprechen, sagte ein Reiter zu Jeanne: ‚Ist das die Jungfrau?‘ Dann fluchte er und sagte, wenn er sie eine Nacht haben könne, werde er sie nicht als Jungfrau zurückgeben. Jeanne aber sagte zu diesem Mann: ‚Ha, im Namen Gottes, du verfluchst ihn und du bist so nahe am Tod!‘ Binnen einer Stunde fiel der Mann ins Wasser und ertrank.“.[57]

Es ist nicht auszuschließen, dass diese Erzählung auf einem tatsächlichen Vorfall basiert. Möglicherweise wurde Jeanne von einem Mann beleidigt und antwortete ihm mit einer Floskel, die jeden Christen betroffen hätte. Vielleicht ertrank der Mann kurz nach dieser Begegnung zufällig. Womöglich ist diese Geschichte auch eine frei erfundene Legende. Wichtig ist, dass man sich über Jeanne überhaupt solche Wundergeschichten erzählte – vor allem zu einem solch frühen Zeitpunkt, denn die Verbindung mit der Audienz legt nahe, dass die Legende recht früh entstanden sein muss. Schon bald nach ihrem ersten Auftreten wurde Jeanne also die Möglichkeit zugeschrieben, in übernatürlicher Weise zu wirken – auch über ihre eigentliche Mission hinaus.

Von Chinon reiste Jeanne weiter nach Tours. Dort begegnete sie ihrer Mutter wieder, die sich auf die Suche nach ihrer Tochter gemacht hatte. Denn Jeannes Eltern hatten erst im Nachhinein von ihrer Abreise aus Vaucouleurs erfahren. Isabelle Romée war ihrer Tochter im Abstand einiger Wochen gefolgt. Wohl in Saint-Aignan-sur-Cher, 50 Kilometer östlich von Chinon gelegen, traf sie den Augustiner-Mönch und Eremiten Jean Pasquerel aus Tours und bat ihn, sie zu begleiten. Er willigte ein und reiste mit ihr bis Tours, wo Jeanne sich mittlerweile aufhielt. Isabelle Romée empfahl Pasquerel ihrer Tochter. Tags darauf nahm er Jeanne die Beichte ab und feierte vor ihr die Messe. Wenig später fragte sie ihn, ob er als ihr Beichtvater auf den Zug nach Orléans mitkommen wolle. Er sagte zu und begleitete Jeanne danach zwei Jahre lang ständig.[58]

In Tours sollte Jeanne für die bevorstehende Unternehmung ausgestattet werden. Aber wie genau sollte das geschehen? Jeanne sagte, sie werde die Engländer von Orléans und aus ganz Frankreich vertreiben. Sie wollte in einen Kampf ziehen. Das warf eine ganze Reihe von Fragen auf, denn die Prophetinnen, die in den letzten Jahrzehnten aufgetreten waren, hatten nicht gekämpft, sondern asketisch gelebt, Vorhersagen gemacht, Mahnungen ausgesprochen. Auch aus der Bibel und aus Heiligenlegenden vermochte man keine Hinweise auf Fälle zu entnehmen, an denen man sich orientieren konnte.

Der König hatte zwei Theologen beauftragt, die grundsätzlichen Fragen zu untersuchen, welche das Auftreten Jeannes betrafen. Es handelte sich um Jacques Gelu, den Bischof von Embrun, und um Jean Gerson, einen ehemaligen Professor der Universität Paris, der zweifellos der wirkungsvollste Theologe seiner Generation war.[59]

Es ging unter anderem um die Frage, ob eine Frau aus theologischer und rechtlicher Sicht Männerkleidung tragen durfte. Gott hatte die Welt geordnet und jedem seinen Platz zugewiesen, der an der Kleidung deutlich werden musste. Wer sich reicher oder ärmlicher kleidete, als es seinem Stand zukam, setzte sich daher dem Verdacht aus, andere über seine Stellung täuschen zu wollen. Zweifellos durfte eine Frau sich dann wie ein Mann kleiden, wenn eine Notwendigkeit dafür bestand, etwa für eine Reise oder um einer Vergewaltigung zu entgehen. Diesen Standpunkt hatten offenbar – ohne theologische Kenntnisse, nur aufgrund ihres praktischen Sinns –

auch Jeanne und jene Bewohner von Vaucouleurs eingenommen, die ihr Männerkleidung für die Reise nach Chinon geschenkt hatten. Solange Jeanne im Krieg war, ließ sich das Tragen der Männerkleidung also rechtfertigen. Außerdem war Frauen das Tragen von Männerkleidung gestattet, wenn jemand, der dazu befugt war, es ihnen erlaubte. Jeanne hatten es die Stimmen zugestanden; dieses Argument beruhigte jedoch nur ihre Anhänger.

Problematisch war weiterhin, dass eine Frau eigentlich nicht im Krieg kämpfen durfte. Das weibliche Geschlecht galt als das schwache, aber zum Kämpfen brauchte man Kraft. Es gab selbstredend Ausnahmen: In einer Notsituation durfte eine Frau sich wehren. Stadtbürgerinnen war es erlaubt, bei Belagerungen zumindest Nachschub auf die Mauern zu tragen. Adlige Damen durften Panzerreiter und Soldaten befehligen, wenn es darum ging, ihre eigenen Besitzungen zu verteidigen, und wenn es in der Familie keinen Mann gab, der diese Aufgabe übernehmen konnte. Außerdem durfte eine Frau kämpfen, wenn Gott es ihr erlaubt hatte. Man fand dafür drei Vorbilder im Alten Testament: Judith, Esther und Deborah.

Letztlich halfen diese Erwägungen jedoch nicht weiter. Eine Frau, die in den Krieg zog, die sogar eine Truppe anführte – das konnten die Menschen des Mittelalters nicht zufriedenstellend in ihre Vorstellungswelt einordnen.

Die Überlegung, was Jeanne tun durfte, war zudem eng mit der Frage verbunden, was sie überhaupt fähig war zu tun. Niemand wollte Jeanne einem Kampf Mann gegen Frau im offenen Feld aussetzen. Ihr mangelte es an Kraft, Körpergröße und Erfahrung. Aber andererseits konnte man eine von Gott gesandte Jungfrau, die zum Kampf gegen die Engländer aufrief, nicht jedes Mal bei der kleinsten Gefahr an einen sicheren Ort bringen. Also brauchte Jeanne eine Rüstung. Auch wäre es sinnvoll, ihr eine Art Leibgarde zur Verfügung zu stellen. Vielleicht waren es solche praktischen Erwägungen, die zu den Maßnahmen führten, die schließlich tatsächlich ergriffen wurden.

Während ihres Aufenthalts in Tours, das für seine guten Rüstungen bekannt war, bekam Jeanne einen Harnisch, der 100 Pfund kostete.[60] Es handelte sich gewiss um jenen Vollharnisch, den sie später trug, also um einen Brustpanzer, Arm- und Beinschienen und Panzerhandschuhe. Der Preis lässt vermuten, dass es sich um eine Rüstung von guter Qualität handelte.

Selbstredend erhielt Jeanne auch einen Helm, ein Schwert besaß sie bereits: jenes, das ihr Baudricourt geschenkt hatte. Ein weiteres Schwert brachte sie in ihren Besitz, als sie sich auf den Zug nach Orléans vorbereitete. Ihren Richtern in Reims berichtete sie, dass ihr die Stimmen mitgeteilt hätten, in der Kirche Sainte-Catherine-de-Fierbois liege hinter dem Hauptaltar ein verrostetes Schwert in der Erde, auf dessen Blatt fünf Kreuze seien. Jeanne habe daraufhin den Geistlichen der Kirche geschrieben und sie um das Schwert gebeten. Der Rost habe sich ganz leicht ablösen lassen.[61]

Von dieser Wundergeschichte kursierten mehrere Versionen. Dem Geschehen liegt der Umstand zugrunde, dass die Katharinen-Kirche ein Wallfahrtsort war und vor allem von Soldaten aufgesucht wurde, die aus der Kriegsgefangenschaft befreit worden waren und

Gott dafür danken wollten. Da die heilige Katharina der Legende zufolge selbst eine Zeitlang eingesperrt gewesen war, galt sie als Patronin der Gefangenen. Als Weihegabe ließen die Soldaten häufig ihre Waffen in der Kirche zurück und so war ein Schwert dort allemal zu finden. Zudem kannte Jeanne die Kirche, weil sie auf ihrer Reise nach Chinon dort Station gemacht hatte.

Ein Pferd besaß Jeanne, seit sie von Vaucouleurs aufgebrochen war. Nun schenkte ihr der Herzog von Alençon ein zweites.[62] In ihrem Prozess gab sie später an, sie habe fünf Schlachtrösser und mehr als sieben Marschpferde besessen; alle habe die königliche Kasse bezahlt. Sie meinte wohl, dass sie diese Pferde zum Teil nacheinander zwischen April 1429 und dem Tag ihrer Gefangennahme besessen hatte.[63]

Während ihres Aufenthalts in Tours erhielt Jeanne auch ein Gefolge.[64] Der Ranghöchste war Jean d'Aulon, „den der König als einen sehr klugen und durch Ehrbarkeit empfohlenen Ritter in der Kompanie der Jungfrau eingesetzt hatte, um die Jungfrau zu begleiten und zu schützen".[65] Hinzu kam der junge Louis de Coutes, der sich schon in Chinon um Jeanne gekümmert hatte. In Tours wurde er gefragt, ob er ihr als Page dienen wolle; er sagte zu und blieb bei ihr, bis sie in die Gegend von Paris kamen, also bis Anfang September 1429. Sie verfügte noch über einen zweiten Pagen namens Raymond, über den nichts weiter bekannt ist.[66]

Noch immer bei Jeanne war Jean de Nouillompont, der die Kasse für sie und ihr Gefolge verwaltete. Im April 1429 erhielt er 200 Pfund „für die Ausgaben der Jungfrau"[67], dazu 125 Pfund, damit er und sein Kompagnon – wohl Poulengey – sich Harnische besorgen konnten. Außerdem bekam er 100 Pfund für Kosten, die er und andere aus Jeannes Gefolge in Chinon gehabt hatten, sowie für die Ausstattung für den Zug nach Orléans.[68] Später führte ein Beamter namens Mathelin Raoul die Kasse Jeannes.[69] Zu Jeannes Begleitern zählten ferner – spätestens, als sie in Orléans einzog – ihre beiden Brüder Jean und Pierre, die ihre Heimat verlassen hatten, um ihrer Schwester beizustehen.

Hinzu kamen noch eine Anzahl Soldaten, von denen sich nicht sagen lässt, wie viele es waren. Jeanne selbst sagte später im Prozess von Rouen, ihre Kompanie habe nur zwei oder drei Lanzen umfasst.[70] Als eine Lanze bezeichnete man eine kleine Einheit, die aus einem Panzerreiter (homme d'armes), also einem berittenen Kämpfer in voller Rüstung, und weiteren Männern wie Bogenschützen, Pferdeknechten und Dienern bestanden. Insgesamt mochte eine Lanze sechs oder acht Mann zählen. Demnach hätte Jeanne 20 bis 25 Kämpfer um sich geschart. Das waren nicht viele, aber nach Meinung vieler Zeitgenossen schon viel zu viele. Obendrein nannte Jeanne diese Männer ihre „Kompanie". De facto war sie also der Hauptmann dieser Kompanie, auch wenn sie niemand so bezeichnete. Tatsächlich wurde sie rechnungstechnisch unter den anderen Hauptleuten Karls VII. geführt.[71]

Zwar hatte man nun die praktischen Probleme gelöst, die sich durch die Mitwirkung einer Frau im Krieg ergaben, grundsätzlich aber konnte die Tatsache, dass eine Frau in den Krieg zog, nicht in die mittelalterliche Vorstellungswelt eingepasst werden. Es musste sich erst noch zeigen, wie Jeannes Rolle auf dem Feldzug und besonders im Kampf aussehen würde.

Die Standarte

Der Hauptmann einer Kompanie führte üblicherweise eine Standarte. Sie diente – wie jede Fahne im Kriegswesen – dazu, dass sich die Truppe an ihr orientieren konnte. Durch Bewegungen der Fahne wurden Kommandos gegeben. Wurde die Einheit zerstreut, sammelte sie sich wieder bei ihrer Fahne. Auch Jeanne bekam ein solches Feldzeichen. Hauves Poulnoir, Maler in der Stadt Tours, erhielt im April 1429 den Betrag von 25 Pfund dafür, dass er für die große und die kleine Standarte der Jungfrau den Stoff geliefert und bemalt hatte.[72] Unter Bemalen ist hier zu verstehen, dass die Farbe in den Stoff einzog; dieser wurde also eigentlich gefärbt.

Eine Standarte war im Kriegswesen des 15. Jahrhunderts eine Fahne ganz bestimmter Art. Sie hatte eine längliche Form und lief häufig in zwei Zungen aus. Sie zeigte die Devise desjenigen, dessen Standarte sie war, das heißt eine Kombination von Farben, Symbolen und einem Wahlspruch, die sich vom Wappen des Betreffenden unterschied. Eine Standarte führte ein Adliger als Anführer einer Kompanie oder einer größeren Abteilung von Soldaten. Ein solches Feldzeichen ist sicherlich mit der großen Standarte gemeint, die in der Rechnung erwähnt wird. Die kleine Standarte dürfte wohl ein Stander, gewesen sein, eine kleine, viereckige Fahne.

Außerdem gab es noch Banner und Wimpel. Bei Letzterem handelte es sich um eine kleinere, dreieckige Fahne, die der einzelne Adlige an seiner Lanze führte. Das Banner war größer und viereckig; es stellte das Feldzeichen einer taktischen Einheit dar, die im Allgemeinen zwischen 20 und 25 Panzerreiter zählte und ebenfalls als „Banner" bezeichnet wurde. Beide Feldzeichen zeigten immer das Wappen des Adligen, dem sie gehörten. Da Jeanne kein Wappen besaß, konnte sie also weder Banner noch Wimpel führen.

Was auf Jeannes Standarte zu sehen war, lässt sich nicht eindeutig feststellen, weil sich in den Quellen mehrere unterschiedliche Beschreibungen finden. Jeanne selbst sagte im Prozess von Rouen, die Heiligen hätten ihr den Befehl gegeben, dass sie sich eine Standarte anschaffen und kühn tragen solle und dass sie darauf den Herrn malen lassen solle.[73] Tatsächlich seien darauf Gott, zwei Engel sowie die Worte „Jhesu Maria" abgebildet gewesen. Gott soll mit einer Weltkugel gezeigt worden sein, die er wohl in der Hand hielt. Ob diese Angaben zuverlässig waren, kann nicht eindeutig gesagt werden, da Jeannes Aussagen während des Prozesses nicht immer der Wahrheit entsprachen.

Ihre Beschreibung stimmt jedoch weitgehend mit der Aussage ihres Beichtvaters überein: „Sie sagte weiterhin, dass sie die Boten ihres Herrn, also Gottes, die ihr erschienen, gefragt habe, was sie tun solle. Sie sagten Jeanne, dass sie die Fahne ihres Herrn aufnehmen solle. Deswegen ließ die Jungfrau ihre Fahne herstellen, auf die ein Bild unseres Erlösers, der beim Gericht in den Wolken des Himmels saß, gemalt war, und es war dort ein Engel gemalt, der in seinen Händen eine Lilie hielt, die das Bild (Christus) segnete."[74]

Andere Quellen behaupteten dagegen, auf der Fahne sei die Heilige Jungfrau Maria oder die Dreieinigkeit abgebildet. Ein Autor schrieb, dass darauf zwei Engel mit Lilien in der Hand zu sehen waren.

Die abweichenden Beschreibungen könnten darauf zurückzuführen sein, dass es sich um jeweils unterschiedliche Standarten handelte, die Jeanne nacheinander benutzte, obwohl sie in Rouen angab, sie habe immer nur eine Fahne besessen. Auch ist möglich, dass sich einige Beschreibungen auf den Wimpel beziehen oder auf eine dritte Fahne ganz anderer Art, die Jeanne in Blois anfertigen ließ. Solche Verwechslungen wären desto leichter erklärlich, als die lateinischen Texte meist das unspezifische Wort „vexillum" (Fahne) verwenden.

Bemerkenswert ist, dass es die Menschen interessierte, was auf dem Feldzeichen der Jungfrau zu sehen war. In den Chroniken der Zeit ist viel von Fahnen im Krieg die Rede, doch kaum einmal wird erwähnt, was darauf abgebildet war. Es geht vielmehr darum, was mit den Fahnen geschah, ob sie geschwenkt, gesenkt, erobert, zerfetzt wurden.

Bei Jeanne aber, so meinte man, musste auf der Fahne etwas abgebildet sein, das mit ihrer Mission zu tun hatte. Alle Beschreibungen gehen davon aus, dass das Tuch ein Bild trug, das die Fahne auf etwas Heiliges bezog, Gott selbst, Maria oder zwei Engel. Was auf der Fahne auch abgebildet war, ihre Zeitgenossen waren sich einig, dass Jeanne mit ihrer Fahne den Schutz Gottes oder der Heiligen beanspruchte.

Die Standarte wurde zu Jeannes Kennzeichen. Im Kampf trug Jeanne ihre Fahne oft selbst in der vordersten Linie. Manchmal übergab sie sie einem Fahnenträger, der dann mit der Standarte in Jeannes Nähe blieb. Die Fahne ragte aus dem Kampfgewühl heraus, sie war also viel besser zu sehen als Jeanne, und jeder wusste, dass dort, wo er das Feldzeichen sah, auch Jeanne war. Dadurch machte die Standarte Jeanne im Kampf für viele überhaupt erst sichtbar und erkennbar. Vor allem dank ihrer Fahne konnte die Jungfrau im Kampf als Vorbild auf viele wirken und die Soldaten anfeuern.

Zugleich definierte und symbolisierte die Standarte Jeannes Rolle im Kampf. Die Jungfrau tötete keinen Gegner, aber sie wies ihren Soldaten den Weg gegen den Feind. Formal führte Jeanne nicht das Kommando über das Heer, aber sie gab entscheidende Impulse, indem sie ihre Fahne voran trug, immer im dichtesten Kampfgewühl. So war sie im Wortsinn die Anführerin des Heeres.

Vor dem Aufbruch

Von Tours aus begab sich Jeanne mit ihrem Gefolge nach Blois. Dort sammelte sich eine Abteilung, die Nachschub nach Orléans bringen sollte. Der eigentliche Entsatz der Stadt sollte erst zu einem späteren Zeitpunkt mit weiteren Truppen versucht werden.

Jeanne gab ihrem Beichtvater Pasquerel einen Auftrag, von dem dieser 1456 berichtete: „Sie waren in der Stadt Blois ungefähr zwei oder drei Tage und warteten auf Lebensmittel, die in Schiffe verladen wurden. Dort sagte sie dem Aussagenden (Pasquerel), dass er ihr eine Fahne – auf Französisch: une bannière (ein Banner) – für die Versammlung der Priester herstellen lassen solle und dass er auf diese Fahne das Bild unseres gekreuzigten Herrn malen lassen solle. Das tat der Aussagende." Dieses Banner wurde daraufhin in der Kirche Saint-Sauveur in Blois geweiht.[75]

Zudem gab Jeanne ihrem Beichtvater nach dessen späterer Aussage die Anweisung, morgens und abends alle

Priester zu versammeln, die die Truppe begleiteten, und mit ihnen liturgische Gesänge zu Ehren von Maria anzustimmen. Jeanne selbst wohnte diesen Zusammenkünften bei. Die Anwesenheit von Soldaten aber habe sie nur geduldet, wenn sie am betreffenden Tag gebeichtet hätten. Diese Andachten behielt Jeanne auch später auf dem Feldzug bei, wie der Bastard von Orléans berichtete. Ihm zufolge seien dabei auch eine halbe Stunde lang die Glocken geläutet worden.[76]

Jeanne sorgte sich jedoch nicht nur um ihre eigenen religiösen Bedürfnisse, wie aus einer Bemerkung hervorgeht, die Pasquerel seiner Beschreibung der Andachten hinzufügte: „Denn in dieser Versammlung waren alle Priester bereit, jedem die Beichte abzunehmen, der ihnen die Beichte ablegen wollte."[77] Jeanne wollte ihren Soldaten jederzeit die Möglichkeit geben, ihre Seele zu entlasten, gerade weil sie plötzlich sterben konnten. Vor dem Aufbruch von Blois befahl Jeanne sogar allen Soldaten ausdrücklich, die Beichte abzulegen.[78]

Auch in anderer Hinsicht drängte Jeanne ihre Männer, fromm zu leben. Immer wieder berichten Chronisten und Augenzeugen, dass Jeanne wütend wurde, wenn jemand fluchte. Sie tadelte sogar nach dessen eigener Aussage den Herzog von Alençon. Später versicherte er, deshalb habe er nicht mehr geflucht – wenn Jeanne anwesend gewesen sei.[79]

Einem anderen rauen Kriegsmann gab Jeanne einen lebenspraktischen Ratschlag, wie der Theologieprofessor Seguin berichtete: „Denn Jeanne sagte zu La Hire, der gewohnt war, viel zu fluchen und Gott zu verleugnen, dass er nicht mehr fluchen solle. Wenn er aber Gott verleugnen wolle, so solle er seinen Kommandostab verleugnen. Danach war es La Hire gewohnt, in Jeannes Gegenwart seinen Stab zu verleugnen."[80]

Zum frommen Leben gehörte auch, dass die Männer aus ihrer Kompanie nicht plündern durften, denn Jeanne wollte nichts essen, was gestohlen war. Außerdem duldete sie nicht, dass sich Prostituierte bei ihrer Kompanie aufhielten. Wenn sie solche Frauen dennoch vorfand, vertrieb sie sie.[81]

Als die Truppe am 27. April 1429 aufbrach, gab Jeanne dem Kriegszug das äußere Gepräge, das ihrer Meinung nach seinem Charakter entsprach. Es war ein Kampf für das Recht und für Gott, in dem sich die Truppen an Gottes Gebote halten sollten. Also gingen die Priester mit Jeannes Fahne vorweg und intonierten liturgische Gesänge.[82]

Kapitel 3

Der Entsatz von Orléans

Der Angriff der Engländer

Im Frühjahr 1428 planten die englischen Befehlshaber für den bevorstehenden Sommer ein großes Unternehmen, nachdem sie in den vergangenen Jahren ihre Feinde in kleinen Schritten zurückgedrängt hatten. Die Engländer beherrschten neben der Guyenne im Südwesten den größten Teil Frankreichs nördlich der Loire. Jetzt wollten sie auch in den Rest des Landes vorstoßen. Dazu mussten sie als erstes eine Loire-Brücke in ihre Gewalt bringen.

Im März 1428 begannen die Vorbereitungen für die Operation. Wie bei allen größeren Unternehmungen, die von den Engländern in den 1420er-Jahren in Frankreich durchgeführt worden waren, musste dafür zunächst in England ein Heer angeworben und über den Ärmelkanal transportiert werden. Unterstützt wurden diese Truppen von Teilen der englischen Garnisonen, die in französischen Städten lagen, sowie von Lehnsaufgeboten der Normandie. Für die Bezahlung der Truppen musste Geld beschafft werden und allein die Stände der Normandie bewilligten dafür Steuern von insgesamt 240.000 Pfund. Außerdem wurden Soldverträge abgeschlossen. Der Graf von Salisbury etwa verpflichtete sich, vom 30. Juni 1428 bis zum Ende desselben Jahres 600 Panzerreiter und 1800 berittene Bogenschützen zur Verfügung zu stellen. Tatsächlich zählte dieses Kontingent vor Orléans 400 Panzerreiter und 2250 Bogenschützen.

Ende Juni 1428 entschied sich ein Kriegsrat der englischen Hauptleute für einen Vorstoß gegen die Stadt Orléans,[83] die sich als Angriffsziel aus mehreren Gründen anbot. Die Stadt lag am Kreuzungspunkt vieler Straßen, so dass sie für die Engländer von Norden leicht zu erreichen war. Außerdem hätte ihnen die Kontrolle über Orléans gute Gelegenheiten geboten, in weitere Regionen südlich der Loire vorzudringen.

Zunächst aber ging das Heer gegen Städte im Westen der Ile-de-France vor, die noch von Truppen Karls VII. besetzt waren, und eroberte danach einige kleinere Städte, die zwischen Paris und Orléans lagen. Im September 1428 nahm das Heer einige flussaufwärts und flussabwärts von Orléans gelegene Städte ein und schnitt das Angriffsziel so im Osten und Westen von seinem Umland ab. Dadurch konnten die Engländer zugleich ein Vordringen von französischen Entsatztruppen leichter verhindern.

Erst im Oktober 1428 konnte sich das Heer dem eigentlichen Operationsziel zuwenden. Die Verzögerung war für die Angreifer von Nachteil, denn die Belagerung würde sich wenigstens in den Winter hinein erstrecken, wenn ihnen kein schneller Erfolg gelang. Gerade das war aber unwahrscheinlich.

Seit mehreren Jahrzehnten hatte Orléans angesichts der ständigen Kampfhandlungen viele Anstrengungen unternommen, um die Stadtbefestigung in einen guten Zustand zu versetzen und diesen zu erhalten. Die eigentliche Stadt lag auf dem nördlichen Ufer der Loire und war von einer Mauer von 2,7 Kilometern Länge umgeben, die 31 Türme zählte. Insgesamt fünf Stadttore gab es, die den Zugang zur Stadt ermöglichten. Eines lag im Osten des Mauerrings, drei im Norden und Nordwesten. Vor diesen vier Toren hatte man seit 1417 jeweils ein Bollwerk errichtet, einen niedrigen Turm von großem Durchmesser, der Kanonen trug und dazu diente, den Beschuss des Stadttors durch Belagerer zu erschweren. Das fünfte Stadttor befand sich im Süden, an der Loire-Brücke. Am anderen Ende der Brücke stand eine Bastille, eine kleine Befestigungsanlage, die im Wesentlichen aus zwei massiven Türmen bestand und den Namen Les Tourelles trug. Eine ähnliche Bastille stand auf einer Insel im Fluss, die von der Brücke überquert wurde.

Für die Verteidigung der Stadt waren stets 35 Kanonen und eine Garnison von 200 Mann vorhanden. Diese Truppe wurde verstärkt, als die Belagerung drohte. Im März 1429 zählte sie 499 Panzerreiter und 389 Bogenschützen, etwas später 562 Panzerreiter und 438 Bogenschützen, bei denen es sich allesamt um Söldner handelte. Dazu kam die städtische Miliz, die in der Stadt von 10.000 Einwohnern angesichts der unmittelbaren Bedrohung sicherlich mehr als 1000 Mann, vielleicht sogar 2000 Mann gezählt haben dürfte. Truppen Karls VII. konnten der Stadt von außen zu Hilfe kommen, aber es war schwer, die notwendigen Geldmittel dafür aufzubringen. Das Kommando über die Stadt Orléans führte ihr Gouverneur Raoul de Gaucourt, dem Jeanne schon in Chinon begegnet war. Den Oberbefehl an der Loire hatte der Bastard von Orléans.

Den Verteidigern standen deutlich überlegene Kräfte gegenüber, wohl um die 7000 Mann. Etwas mehr als die Hälfte davon stellten die Truppen, die aus England gekommen waren, der Rest kam aus den Garnisonen von Festungen, die für diese Unternehmung reduziert wurden, sowie aus dem Lehnsaufgeboten der englisch besetzten Gebiete. Im Belagerungsheer befanden sich auch Kontingente der Städte Paris und Chartres sowie aus Städten in der Normandie und in der Picardie.

Als die Engländer am 12. Oktober 1428 ihren Angriff auf Orléans begannen, konzentrierten sie sich zunächst auf das Südufer der Loire. Die Verteidiger zerstörten eilig die Vororte der Stadt, die vor den Mauern lagen, und das Augustinerkloster, das etwas südlich der Loire-Brücke stand. Direkt am Südende der Brücke, vor der Befestigung Les Tourelles, errichteten sie ein Bollwerk. Die Engländer befestigten umgehend die Ruinen des Augustinerklosters. Nach einigen vergeblichen Versuchen gelang es ihnen, das neu errichtete Bollwerk und schließlich am 24. Oktober 1428 auch Les Tourelles einzunehmen. Ein Teil der Brücke wurde abgebrochen und damit war der Weg aus der Stadt nach Süden, in den Machtbereich Karls VII. hinein, versperrt.

Ende Dezember erhielten die Engländer 6000 bis 7000 Mann Verstärkung und wandten ihre Aufmerksamkeit dem Nordufer der Loire zu. Sie begannen, dort Befestigungen aus Holz und Erde, Bastillen genannt, zu bauen. Dieses Vorhaben zog sich jedoch bis in den April hin. Sechs Bastillen lagen im Norden und Nordwesten der Stadt, zwei im Osten nahe an der Stadt und eine dritte, genannt Saint-Loup, 2 Kilometer von den Stadtmauern entfernt. Eine weitere Bastille entstand auf der Ile Charlemagne, ein paar Hundert Meter flussabwärts der Stadt, und sicherte so die Verbindung zwischen den Truppen auf dem Nord- und dem Südufer. Auf dem linken, südlichen Loireufer entstanden außer der Bastille im Augustinerkloster zwei weitere, Saint-Privé und Saint-Jean-le Blanc. Diesen Ring aus Befestigungen würde ein Entsatzheer aufbrechen müssen.

Trotz dieser Maßnahmen gelang es den Engländern nicht, Orléans vollständig von der Außenwelt abzuschneiden. Mehrfach schafften es die Franzosen, Lebensmittel und Schießpulver in die Stadt zu bringen. Auch Verstärkung wurde ein paar Mal erfolgreich von außen zugeführt. Noch leichter scheinen Boten durch die Blockade gekommen zu sein, sodass der königliche Hof stets gut über die Lage in der Stadt informiert war. Auch die Belagerten erfuhren, was außerhalb der Stadt geschah. Bedrückend war die Lage für sie dennoch.

Auch für das Belagerungsheer war die Situation schwierig, denn es war den Unbilden des Winterwetters stärker ausgesetzt als die Verteidiger. Zudem musste es mit Waffen, Munition und Lebensmitteln versorgt werden, und zwar aus größerer Entfernung, weil die Nahrungsmittel im Umland der Stadt schon bald verzehrt waren.

Im Februar 1429 näherte sich ein Wagenzug mit Lebensmitteln für die Belagerungstruppen, der von 1500 Mann begleitet wurde. Die französischen Hauptleute erfuhren von diesem Nachschubkonvoi. Der Graf von Clermont erhielt den Auftrag, mit etwa 4000 Mann den Wagenzug abzufangen. Ein Teil der Garnison von Orléans durchbrach den Belagerungsring und schloss sich Clermont an. Am 12. Februar 1429 stießen die Franzosen bei Rouvray auf die englischen Truppen, die ihnen deutlich unterlegen waren. Dennoch erlitten die Franzosen eine schwere Niederlage. Da sie die englischen Lebensmittel erobern wollten und Fastenzeit war, während der nur Fisch gegessen werden durfte, wurde dieser Kampf später die Heringsschlacht genannt.

Clermont zog sich mit den Resten seiner Truppen nach Orléans zurück und verließ sie mit 2000 Mann schon sechs Tage später wieder. Ihnen schloss sich der Bischof von Orléans an. Die Stadtbewohner und der Rat fühlten sich im Stich gelassen und ergriffen umgehend eine Initiative, um die Lage, soweit möglich, zu retten. Sie wollten sich in ähnlicher Weise aus der Affäre ziehen, wie dies ein Jahr zuvor der Burghauptmann von Vaucouleurs auch getan hatte. Sie planten sich für neutral zu erklären und den englischen Truppen eventuell den Durchzug zu erlauben. Der Herzog von Burgund sollte die Stadt als Treuhänder verwalten.[84]

Herzog Philipp von Burgund trug Bedford den Vorschlag vor, doch dieser lehnte ihn ab. Daraufhin forderte Philipp diejenigen seiner Untertanen, die zum Belagerungsheer zählten, unverzüglich auf, dieses zu verlassen. Wahrscheinlich ging es nur um einzelne Untertanen aus Ländern des Herzogs von Burgund, die in verschiedenen Einheiten dienten. Dennoch bedeutete diese Entscheidung des Burgunders eine Schwächung des Belagerungsheers.

Der Versuch der Stadt, die Belagerung glimpflich zu beenden, war damit gescheitert. Da sie keine Hilfe vom König erhalten hatte und die Versorgungslage schwierig war, sah es danach aus, als müsse Orléans bald kapitulieren. Die kritische Lage blieb auch dem Königshof nicht verborgen und so entschied man, der Stadt ein Entsatzheer zu schicken. Dass Jeanne in Chinon erschien, trug zu dem Beschluss nichts bei. Der König hatte die überraschend aufgetauchte Jungfrau zu einem Unternehmen abgeordnet, das schon seit langem geplant gewesen war.

Jeannes Einzug in Orléans

Die Belagerten erfuhren nach Aussage des Bastards von Orléans aufgrund von Gerüchten recht früh, offenbar um die Zeit, als Jeanne in Chinon ankam, „dass durch die Stadt Gien eine junge Frau gekommen sei, die gemeinhin die Jungfrau genannt wurde. Sie habe versichert, dass sie zum edlen Dauphin reise, um die Belagerung von Orléans aufzuheben und den Dauphin nach Reims zur Weihe zu führen“.[85] In der belagerten Stadt löste diese Nachricht große Hoffnung aus.

Ein unbekannter Stadtbewohner, vielleicht ein Geistlicher, der während der Belagerung fast Tag für Tag ein Tagebuch führte, vermerkte am 29. April 1429 eine frohe Neuigkeit. Die Eingeschlossenen erfuhren, dass der König ihnen „Lebensmittel, Pulver, Kanonen und anderes Kriegsgerät“ schickte, „unter der Führung der Jungfrau, die im Auftrag unseres Herrn kam, um die Stadt zu versorgen und zu ermutigen und die Belagerung zu beenden. Das ermutigte die Leute sehr.“[86]

Das königliche Heer war von Blois auf dem linken Ufer nach Osten marschiert und erreichte die Loire ein Stück flussaufwärts von Orléans. Damit umging die Truppe die Hauptmacht der Engländer, die im Norden und Nordwesten der Stadt lag. Der Bastard verließ die Stadt nach Osten und überquerte die Loire bei Chécy. Auf dem Südufer traf er auf Jeannes Truppe und gemeinsam mit deren Hauptleuten beschloss er, dass es das Wichtigste sei, die Stadt mit den mitgeführten Gütern zu versorgen, also keinen größeren Kampf zu riskieren.

Bei diesem Kriegsrat traf der Bastard das erste Mal auf Jeanne. Sehr eindrucksvoll gibt die Aussage, die er 25 Jahre später zu Protokoll gab, seine Erinnerung an diese Begegnung wieder.[87]

„Seid Ihr der Bastard von Orléans?", fragte Jeanne.

Der Bastard antwortete höflich: „Ich bin es, und ich freue mich über Eure Ankunft."

Jeanne stellte die nächste Frage: „Wart Ihr es, der den Rat gab, dass ich hierher kommen sollte, auf diese Flussseite, und dass ich nicht direkt dorthin gehen sollte, wo Talbot und die Engländer sind?"

Jeanne hätte es offenbar vorgezogen, sofort die englischen Truppen anzugreifen, obwohl der Auftrag ihrer kleinen Truppe nur darin bestand, die Stadt zu versorgen. Ihr Vorhaben wich also weit von ihrem Auftrag ab.

Der Bastard verwies darauf, dass er und andere diese Entscheidung getroffen hätten, weil es der bessere und sicherere Weg sei. Jeanne erwiderte: „Der Rat Gottes, Unseres Herrn, ist sicherer und klüger als der Eure. Ihr meintet, mich zu täuschen, und habt Euch selbst noch mehr getäuscht, denn ich bringe Euch bessere Hilfe, als je ein Ritter oder eine Stadt bekommen hat: die Hilfe des himmlischen Königs."

Die Erinnerung des Bastards war nach 25 Jahren sicherlich nicht mehr so präzise, dass er den genauen Wortlaut des Gesprächs wiedergeben konnte. Aber seine Schilderung gab gewiss zuverlässig wieder, wie er dieses Gespräch mit Jeanne erlebt hatte. Ein einfaches Bauernmädchen war auf ihn zugekommen und hatte ihm

Vorwürfe über militärische Dinge gemacht, von denen sie nichts verstand und in denen er sich als Oberbefehlshaber auskannte und auskennen musste. Das alles entsprach nicht den Umgangsformen, die der Bastard gewohnt war. Vielleicht reagierte er darauf nicht ganz so gutmütig, wie er es später darstellte. Aber er nahm es hin, weil Jeanne ihn durch ihr selbstbewusstes Auftreten beeindruckte. Auch durfte sie sich so benehmen, weil der Bastard in ihr kein Bauernmädchen, sondern die von Gott gesandte Jungfrau sah. Vielleicht belegte für ihn gerade Jeannes Selbstbewusstsein und die Missachtung seiner gesellschaftlichen Stellung die Wahrhaftigkeit ihrer Mission. Deswegen störte es ihn auch nicht, in seiner Aussage zuzugeben, dass Jeanne ihn unhöflich behandelt hatte.

Zum nachhaltigen Eindruck, den diese Szene auf den Bastard machte, trug sicher auch bei, was er nach seiner Schilderung des Wortwechsels berichtete: Bisher hatte der ungünstige Wind es verhindert, dass die herangebrachten Güter auf Schiffen in die Stadt gebracht werden konnten. Doch unmittelbar nach seinem Gespräch mit Jeanne habe der Wind so gedreht, dass er dem Transport förderlich war. Das sei für ihn ein Beweis gewesen, dass Jeanne von Gott gesandt sei. Andere Augenzeugen behaupteten sogar, Jeanne habe das Drehen des Windes vorausgesagt.[88]

Die Lebensmittel konnten ohne Probleme in die Stadt gebracht werden, da die Engländer keinen Versuch machten, den Transport zu verhindern. Der Bastard bat Jeanne daraufhin, mit ihm nach Orléans zu kommen, wo man sie sehnsüchtig erwarte. „In dieser Sache machte sie Schwierigkeiten und sagte, dass sie ihre Leute und die Panzerreiter nicht verlassen wolle, die gebeichtet und gebüßt hätten und guten Willens seien, deswegen lehnte sie es ab mitzukommen."

Der Bastard sprach daraufhin mit den Hauptleuten der Truppe, mit der Jeanne aus Blois gekommen war, und bat sie, die Jungfrau umzustimmen. Ihr Versuch glückte. Die Abteilung marschierte wieder nach Blois zurück. Bei ihr befanden sich Jeannes Beichtvater und die Priester; sie nahmen die Fahne mit, hinter der sie dem Heer vorangeschritten waren. Jeanne aber zog in Orléans ein.

Die Schilderung des Bastards ist interessant, weil sie ein Verhalten beschreibt, das für Jeanne typisch ist und immer wieder bei ihr beobachtet werden kann. Der König, der Hof und die Hauptleute des Heeres hielten Jeanne durchaus für eine Frau, die von Gott gesandt war und im Krieg nützlich sein konnte. Jedoch sahen sie in ihr lediglich eine Begleiterin der Soldaten, im Grunde eine Art Maskottchen. Jeanne aber fasste ihre Rolle anders auf. Sie fühlte sich den Soldaten zugehörig, wollte bei ihnen bleiben und mischte sich – wie die Aussage des Bastards schon gezeigt hat – in militärische Fragen ein. Sie wollte eine Kämpferin sein.

Ähnlich aufschlussreich wie der Bericht des Bastards ist die Schilderung ihres Einzugs in Orléans, die der Verfasser des Tagebuchs niederschrieb:

„Um ungefähr acht Uhr am Abend ritt sie trotz der Engländer, die dem kein Hindernis entgegensetzten, in voller Rüstung auf einem weißen Pferd in die Stadt ein. Vor sich ließ sie ihre Standarte tragen, die ebenso weiß war. Auf ihr waren zwei Engel, die jeweils eine Lilie in der Hand hielten. Auf den Wimpel war so etwas wie eine Verkündigung gemalt, das heißt ein Bild Unserer Lieben Frau, vor der sich ein Engel befand, der ihr eine Lilie reichte. Als sie so in Orléans einritt, hatte sie auf ihrer linken Seite den Bastard von Orléans."[89]

Der Autor hält nicht nur fest, was er gesehen hat. Vielmehr war das,was er sah, bedeutsam, und er schrieb es auf, weil er diese Bedeutung festhalten wollte. Dazu musste er nicht ausdrücklich schreiben, worin diese Bedeutung lag, denn er konnte darauf vertrauen, dass die Leser seiner Zeit die Zeichen verstanden.

Es war wohl kein Zufall, dass Jeanne auf einem Schimmel ritt, und auch der Tagebuchschreiber maß diesem Umstand Bedeutung bei. Eine junge Frau in voller Rüstung fiel ohnehin auf, die weiße Farbe des Pferds unterstützte dies noch. Vor allem aber symbolisierte Weiß die Unschuld und wurde deswegen mit der heiligen Jungfrau Maria in Verbindung gebracht. Es steht zu vermuten, dass Jeannes Fahnen aus diesem Grund weiß waren.

Wenn der Verfasser schreibt, dass auf Jeannes linker Seite der Bastard von Orléans ritt, ist dies für ihn ebenfalls eine wichtige Beobachtung. Denn dies heißt, dass die Jungfrau auf der rechten, vornehmeren Seite ritt und der Sohn eines Fürsten, der militärische Befehlshaber, ihr diesen Platz somit offenbar überlassen oder zumindest nicht streitig gemacht hatte. Hinter diesen beiden folgten die anderen Kriegsleute, auch Bürger von Orléans, die Jeanne entgegengezogen waren. Jeanne erschien also vielleicht nicht als Anführerin der Truppe, die in die Stadt kam, aber zumindest als ihr höchstrangiges Mitglied.

Die eindrucksvolle Inszenierung von Jeannes Einritt verfehlte ihre Wirkung nicht, wie der Verfasser des Tagebuchs mitteilt:

„Es kamen, um sie zu empfangen, andere Kriegsleute, Bürger und Bürgerinnen von Orléans, die viele Fackeln trugen, und ihre Freude war so groß, als ob sie Gott selbst vom Himmel hinabsteigen sähen, nicht ohne Grund, denn sie hatten viel Ärger, Arbeit und Mühen und, noch schlimmer, große Sorgen, dass ihnen nicht geholfen würde und dass sie alle Leben und Besitz verlören. Aber sie fühlten sich schon alle gerettet und als ob sie schon von der Belagerung befreit wären, durch die göttliche Tugend, die, wie man ihnen gesagt hatte, in dieser schlichten Jungfrau sei. Männer, Frauen und Kinder betrachteten sie voller Zuneigung."

Im Gedränge fing Jeannes Standarte, die vor ihr hergetragen wurde, Feuer an einer Fackel. Jeanne gab ihrem Pferd die Sporen, drehte es geschickt, bis sie an die Fahne gelangte, und löschte das Feuer. Ihre schnelle Reaktion und ihre Geschicklichkeit erschienen den Augenzeugen, als habe sie schon lange im Krieg gekämpft; Bürger wie Kriegsleute habe dies gleichermaßen sehr verwundert. Aufgrund dieses Missgeschicks zeigte sich an Jeanne eine außergewöhnliche, unerklärliche Eigenschaft, die ihre göttliche Sendung erneut zu bestätigen schien.

Die Menge geleitete Jeanne zu dem Haus, in dem sie unterkommen sollte. Es gehörte dem Schatzmeister des Herzogs von Orléans. Dass ein so hochrangiger Mann ihr Unterkunft bot, war eine Ehrenbezeugung. Der städtische Magistrat drückte seine Hochachtung zudem aus, indem er Jeanne, wie es bei hochgestellten Gästen üblich war, mehrfach Wein schenkte.

Die Bürger ehrten und verehrten Jeanne, weil sie große Hoffnungen in sie setzten. Ob sie diese hohen Erwartungen erfüllen konnte und welche Erwartungen die Bürger, die Hauptleute, die Soldaten und Jeanne selbst eigentlich hegten, all das musste sich erst noch erweisen.

Der Kampf um die belagerte Stadt

Jeanne drängte es zum Kampf gegen die Engländer. Wie sich schon in ihrem „Brief an die Engländer" gezeigt hatte, musste sie aber nach ihrem Selbstverständnis den Feinden die Möglichkeit bieten, ihre Seele zu retten. Deshalb sandte sie am Tag nach ihrer Ankunft, dem 30. April 1429, eine zweite Abmahnung an den englischen Befehlshaber Talbot, deren Inhalt dem „Brief an die Engländer" ähnelte: Sie forderte die englischen Soldaten auf, die Belagerung aufzuheben und Frankreich zu verlassen. Dies sei Gottes Wille.[90]

Die Empfänger fassten den Brief verständlicherweise nicht als Zeichen von Nächstenliebe auf, wie Jeanne ihn verstand. Sie meinten ebenso, Gott auf ihrer Seite zu haben, und glaubten nicht an Jeannes göttliche Sendung. Außerdem war es angesichts der militärischen Lage schlicht unrealistisch und anmaßend, den Abzug der Engländer nicht nur von Orléans, sondern aus ganz Frankreich zu fordern.

Jeanne beging zudem einen schweren Fehler, offenbar weil sie eine Gepflogenheit der adligen Kultur nicht gekannt oder nicht beachtet hatte. Sie ließ, wie es üblich war, den Brief von zwei Herolden überbringen. Herolde eigneten sich für solche Zwecke, weil sie Immunität besaßen, also nicht gefangen genommen, verletzt oder gar getötet werden durften. Üblich war ferner, dass Herolde nicht mit ihrem Vor- und Nachnamen bezeichnet wurden, sondern mit ihrem Heroldsnamen, den sie bei ihrer Ernennung erhielten. Häufig bezog er sich auf ein Land des Fürsten, dem der Herold diente. Einer der beiden Herolde hieß „Guyenne", er trug also den Namen jenes Herzogtums im Südwesten Frankreichs, dessen Fürst seit fast 300 Jahren der englische König war. Wenn Jeanne einen Herold mit diesem Namen schickte, musste Talbot das so auffassen, dass sie die englische Herrschaft über diese Provinz bestritt.

Die doppelte Provokation versetzte Talbot so in Wut, dass er die Konventionen der ritterlich-adligen Kultur verletzte. Er setzte den Herold Guyenne gefangen. Den zweiten Herold schickte er zurück – mit der Nachricht, er werde Guyenne verbrennen lassen.[91]

Jeanne ließ sich von solchen Drohungen jedoch nicht einschüchtern. Unbeirrt versuchte sie zu tun, was sie für ihre Christenpflicht hielt. Sie ging auf der Loire-Brücke bis kurz vor die Befestigung Les Tourelles und sprach dort mit Glasdale, dem englischen Befehlshaber auf der Südseite der Loire. Sie wiederholte dabei die Forderungen, die sie Talbot schriftlich übermittelt hatte.[92] Den Verfasser des Tagebuchs beeindruckte diese Haltung ganz offensichtlich. Vielen Stadtbewohnern mag es gleich ergangen sein. Ihr Besitz und ihr Leben waren seit über sechs Monaten bedroht, endlich kam nun jemand, der willens war, energisch gegen die Engländer vorzugehen.

Glasdale und seine Leute hingegen konnten Jeannes Worte gar nicht anders als eine dreiste, ja wahnwitzige Zumutung erscheinen. Normalerweise forderten die Angreifer die Belagerten zur Kapitulation auf. Denn selbst wenn die Engländer militärisch in Schwierigkeiten geraten wären, hätten sie nicht kapitulieren müssen, sondern hätten die Belagerung abbrechen und sich zurückziehen können. Die Engländer in Les Tourelles riefen Jeanne als Antwort zu, dass sie eine Kuhhirtin sei und dass sie sie verbrennen würden. „Kuhhirtin" galt als Synonym für „Hure". Jeanne ließ sich von diesen Beschimpfungen nicht entmutigen. Tags darauf, am 1. Mai, sprach sie an einer anderen Stelle mit englischen Soldaten. Wieder erntete sie nur Beleidigungen und Drohungen.[93]

An diesem Tag begab sich der Bastard von Orléans mit anderen nach Blois, wo weitere Truppen für den Entsatz von Orléans zusammengezogen wurden. Jeanne hieß seinen Abzug nicht gut, sie wollte gleich die Engländer angreifen. Das aber wäre aufgrund der zahlenmäßigen Unterlegenheit der Franzosen aussichtslos gewesen.[94]

Am selben Tag ritt Jeanne durch die Stadt. Die Bevölkerung wollte sie unbedingt sehen und drängte sich in den Straßen, sodass Jeanne kaum vorkam. Wieder wunderten sich nach Aussage des Tagebuch-Autors alle, wie sicher und gewandt sie auf dem Pferd saß.[95]

Ähnlich groß war die Beachtung, die Jeanne bei den Stadtbewohnern fand, als sie am folgenden Tag, am 2. Mai, aus der Stadt herausritt und sich die englischen Bastillen ansah. Viele Leute folgten ihr nach, weil sie die Jungfrau sehen wollten.

Am Vormittag des 4. Mai verließ Jeanne mit einer Truppe von 500 Mann die Stadt und ritt dem Bastard von Orléans entgegen, der mit einer Abteilung Soldaten weitere Lebensmittel heranbrachte. Gemeinsam geleiteten sie die Karren mit Nachschub zur Stadt. Voran schritten wieder Jeannes Beichtvater und die Priester, die mit dem Bastard nach Orléans zurückgekehrt waren. Wieder trugen sie die Fahne, die Jeanne in Blois hatte herstellen lassen, und sangen dabei.[96]

Der Zug marschierte an der Bastille Saint-Loup vorbei, ohne dass sich deren Besatzung rührte. Viele sahen darin ein Wunder, zumindest aber erschien dieser Umstand ihnen erwähnenswert. Der Grund dürfte jedoch schlicht darin bestanden haben, dass die Besatzung sich den Franzosen nicht gewachsen fühlte. Denn die Truppe, die der Bastard herangeführt hatte, war deutlich größer als jene, mit der Jeanne wenige Tage zuvor nach Orléans gekommen war. Das Zahlenverhältnis hatte sich nun zugunsten der Verteidiger verändert.

Bezeichnend ist, wie der Autor des Tagebuchs von diesem Vorstoß aus der Festung berichtet. „Die Jungfrau", schrieb er, brach aus Orléans aus, „in ihrer Begleitung" fünf namentlich genannte Hauptleute und 500 Soldaten. Jeanne war für ihn also die militärische Anführerin der Truppen und viele Bewohner von Orléans sowie andere Zeitgenossen sahen das genauso.

Entsprechend schreibt der Verfasser auch über die Ereignisse des Nachmittags, „die Jungfrau und der Bastard von Orléans" hätten 1500 Mann zum Angriff auf die Bastille Saint-Loup geführt.[97] Tatsächlich aber erfolgte der Angriff nicht aufgrund einer Initiative der beiden Genannten. Wahrscheinlich war ein Teil der Verteidiger, vielleicht die städtische Miliz, mit den Engländern in der Bastille in einen Kampf verstrickt worden. Jeanne jedenfalls war nicht über diese Vorgänge informiert worden. Sie ruhte ein wenig auf ihrem Zimmer, als sie von dem Unternehmen erfuhr, legte daraufhin schnell ihre Rüstung an und sprengte auf einem Pferd zu den Truppen. Der Nimbus der Jungfrau hatte den Autor des Tagebuchs und andere Chronisten augenscheinlich veranlasst, sie ganz selbstverständlich für diejenige zu halten, die für das Unternehmen verantwortlich war.[98]

Nach hartem, dreistündigem Kampf wurde das Befestigungswerk genommen und zerstört. Jeanne erlebte ihr erstes Gefecht und sah dessen Opfer. Schon als sie die Stadt verließ, begegnete sie einem Verwundeten, der aus dem Kampf zurückkam, und war schockiert. Im Verlauf des Angriffs auf die Bastille starben viele Menschen, was sie schwer belastete. Von ihrer Reaktion konnte später ihr Beichtvater am meisten berichten, da sie mit ihm darüber sprach. Ihm zufolge schmerzte sie auch der Tod der Engländer, weil sie gestorben seien, ohne vorher gebeichtet zu haben, wodurch ihr Seelenheil in Gefahr war. Jeanne legte abends die Beichte ab und befahl, jeder ihrer Soldaten solle ebenfalls beichten.[99]

Der Einschließungsring, der nie vollständig geschlossen gewesen war, war nun an einer Stelle gesprengt. Eine Beratung über das weitere Vorgehen wurde nötig. Am nächsten Tag, dem Himmelfahrtstag, traf sich ein gutes Dutzend Hauptleute zum Kriegsrat.[100] Jeanne hatten sie nicht eingeladen. Ja sie teilten ihr nicht einmal hinterher alle getroffenen Entscheidungen mit. Sie hielten die Jungfrau von den militärischen Planungen fern. Wahrscheinlich taten sie das Richtige, denn offenbar wollte Jeanne die Engländer noch immer dort angreifen, wo sie am stärksten waren, in ihrer größten Bastille, die den Namen Saint-Laurent trug und flussabwärts von der Stadt an der Loire lag.

Der Plan der Hauptleute war taktisch klüger. Sie beabsichtigten, die Befestigungen der Engländer auf der Südseite des Flusses zu erobern. Taktisch war für die

Franzosen von Vorteil, dass die feindlichen Truppen auf dem Nordufer jenen auf dem Südufer nicht schnell zu Hilfe kommen konnten. Strategisch erschien das Vorhaben verlockend, weil bei einem Erfolg der Weg in den Süden, in den Machtbereich Karls VII., freigekämpft wäre. Versorgungsgüter und Verstärkung hätten dann ungestört in die Stadt gelangen können. Im Grunde wäre die Belagerung beendet gewesen.

Da sie wusste, dass der Kampf nun auf eine Entscheidung zulief, schrieb Jeanne eine dritte Abmahnung an ihre Feinde:

„Ihr Engländer, die Ihr kein Recht auf dieses Königreich Frankreich habt! Der König des Himmels befiehlt Euch durch mich, die Jungfrau Jeanne, dass Ihr Eure Befestigungen verlassen und in Euer Land zurückkehren werdet, oder ich werde Euch ein solches Hallo bereiten, an das man sich auf alle Ewigkeit erinnern wird. Zum dritten und letzten Mal schreibe ich Euch und ich werde Euch nicht mehr schreiben."[101]

Wie die ersten beiden Briefe ist auch dieses Schreiben eine Mischung aus Herausforderung und Prophezeiung, was einiges über Jeannes Selbstverständnis sagt. Die von Gott gesandte Jungfrau verkündet, was passieren wird, droht ihren Feinden mit der bevorstehenden Niederlage und gibt ihnen zugleich eine letzte Chance, ihre Sünde einzusehen und abzuziehen.

Auch an diesem Text wird, wenngleich er nur in einer lateinischen Übersetzung überliefert ist, abermals deutlich, dass Jeanne es nicht gewohnt war, sich schriftlich auszudrücken. Ihre Feinde werden erraten haben, was sie mit der Formulierung meinte, sie werde ihnen „ein großes Hallo bereiten". Französische Adlige aber dürften sich anders ausgedrückt haben. Der letzte Satz ist zudem überflüssig: Wenn dies ihr letzter Brief an die Engländer ist, ergibt sich daraus, dass sie ihnen kein weiteres Mal schreiben wird.

Am Morgen des 6. Mai überschritt eine große Abteilung der Belagerten ein wenig flussaufwärts von Orléans die Loire. Glasdale, der englische Befehlshaber auf dem Südufer, ließ die am weitesten östlich gelegen Bastille Saint-Jean-le-Blanc zerstören und aufgeben. Offenbar dachte er, dass er nicht über genug Truppen verfügte, um alle drei Bastillen verteidigen zu können.

Die französischen Befehlshaber wiederum fühlten sich nicht stark genug, um die nächstgelegene Befestigung, das Augustinerkloster, anzugreifen. Sie entschieden sich zum Rückzug in die Stadt. Während des Rückzugs aber griffen die Engländer an. Jeanne und der Hauptmann La Hire führten einen Gegenangriff. Der entscheidende Moment war gekommen. Weitere Truppen schlossen sich ihnen an. Die Engländer wurden zur Bastille Saint-Augustin zurückgedrängt. Offenbar waren die englischen Abteilungen, die gerade erst in die Bastille hineinströmten, noch nicht bereit, sie energisch zu verteidigen. Die Bastille wurde eingenommen und in Brand gesteckt, wohl damit sie die Engländer nicht wieder besetzen konnten.

Die Befestigungsanlage Les Tourelles und das davor gelegene Bollwerk, die das Südende der Brücke blockierten, waren damit eingekreist. Die dritte, westliche Bastille auf dem Südufer, die den Namen Saint-Privé trug, gaben die Engländer am Abend auf. Wenn sie nicht bald das Südufer zurückeroberten, war die Belagerung von Orléans gescheitert.

Trotz des erfolgreichen Tages kam es unter den Siegern offenbar zu Meinungsverschiedenheiten. Jeanne berief sich auf ihren göttlichen Auftrag und wollte den Angriff fortsetzen.[102] Die Stadtbewohner wollten ebenfalls den Sieg ausnutzen, Les Tourelles und das Bollwerk erobern, die Belagerung beenden. Sie setzten sich durch. Die Befehlshaber der königlichen Truppen hingegen scheinen der Meinung gewesen zu sein, dass man jetzt nichts mehr riskieren dürfe, sondern abwarten müsse. Sie konnten darauf verweisen, dass die Eroberung von Les Tourelles und seines Bollwerks die Engländer im vergangenen Oktober mehrere Tage harten Kampfes gekostet hatte. Als dann aber Jeanne und die Stadtbewohner durch ihre Initiative den vollständigen Sieg über die Belagerer herbeigeführt hatten, sahen die königlichen Kommandeure nur wenig Anlass, über ihr vorsichtiges Zaudern zu reden. Daher widersprechen sich die Quellen in ihren Angaben darüber, was in der Nacht und am nächsten Morgen geschah.

Es ist nicht einmal sicher zu ermitteln, ob Jeanne die Nacht bei den Truppen vor Les Tourelles verbrachte oder ob sie in ihrem Quartier in Orléans schlief. Jedenfalls mahnte sie ihren Beichtvater, er solle am nächsten Morgen noch früher aufstehen und sich den Tag über immer bei ihr halten. Sie werde ihn brauchen, denn „am folgenden Tag“ werde „ihr Blut aus ihrem Körper oberhalb ihrer Brust austreten“.[103]

Am frühen Morgen des 7. Mai nahm Jeannes Beichtvater ihr die Beichte ab und feierte für sie und ihre Leute eine Messe. Dann griffen Jeanne und ein Teil der Truppen das Bollwerk an, das Les Tourelles schützte. Der Kampf dauerte lange und kostete hohe Verluste. Kurz vor Sonnenuntergang wurde das Bollwerk endlich erstürmt. Die Besatzung wollte in das Fort Les Tourelles fliehen, doch die Zugbrücke brach. Viele Engländer fielen hinab in das Wasser der Loire und ertranken, unter anderem ihr Befehlshaber Glasdale.

Am nächsten Tag, dem 8. Mai, einem Sonntag, gaben die Engländer die Bastillen am Nordufer auf und marschierten vor den Mauern der Stadt in Schlachtordnung auf. Die Franzosen taten es ihnen nach. Dem Autor des Tagebuchs zufolge beschwor Jeanne die französischen Hauptleute, den Feind nicht anzugreifen, weil Sonntag sei; den Tag des Herrn sollte man nicht durch Blutvergießen entweihen.[104]

Wahrscheinlich handelt es sich bei dieser Episode nur um den Versuch zu erklären, warum nichts geschah. Denn die beiden Heere standen sich eine Stunde lang regungslos gegenüber. Tatsächlich dürften solche Mahnungen, wie sie der Autor Jeanne in den Mund legt, unnötig gewesen sein. Denn den erfahrenen Hauptleuten musste klar sein, dass eine Feldschlacht die letzte Chance für die Engländer war, das Blatt noch zu wenden. Eine Aussicht auf Erfolg hätten sie aber wohl nur gehabt, wenn sich die Franzosen zum Angriff provozieren ließen. Das taten sie aber nicht. So marschierten die Engländer schließlich ab. Die Franzosen griffen ihren Train an und eroberten ihre Kanonen.

Die Belagerung war beendet. Es galt, Gott zu danken. Schon während die Engländer noch zu sehen waren, ließ Jeanne angeblich die Geistlichen aus der Stadt holen, die daraufhin liturgische Gesänge anstimmten. Auch ließ sie einen Tragaltar kommen und darauf eine Messe feiern.[105] Die Bewohner von Orléans waren außer sich vor Freude.

Sie veranstalteten an diesem und am nächsten Tag Dankprozessionen.

Am 9. Mai 1429 verließ Jeanne die Stadt, um mit einigen Hauptleuten zum König zu reiten. Der Autor des Tagebuchs nimmt die Szene zum Anlass, noch einmal die Verehrung und die Hochachtung zum Ausdruck zu bringen, welche die Stadtbewohner gegenüber ihrer Retterin empfanden: „Aber zuvor nahm sie Abschied von den Bewohnern von Orléans, die alle vor Freude weinten, sich sehr demütig bei ihr bedankten und ihr sich selbst und ihren Besitz anboten."[106]

Die Stadt vergaß ihre Rettung nicht. Ab dem folgenden Jahr wurden Prozessionen zum Gedenken an die Befreiung der Stadt von der Belagerung eingerichtet. Sie werden bis heute jedes Jahr am 8. Mai gefeiert.

Stiftungen zum Dank an Gott waren üblich, wenn eine mittelalterliche Stadt eine Gefahr glücklich überstanden hatte. Das konnten außer Kriegsereignissen auch Epidemien oder Stadtbrände sein. Ganz außergewöhnlich war hingegen, dass auch in anderen Städten anlässlich der Befreiung von Orléans dauerhafte liturgische Dankesfeiern eingerichtet wurden, etwa in Bourges und Poitiers. Dies hatte es vorher nicht gegeben. Zum ersten Mal empfanden französische Kommunen die Rettung einer anderen Stadt so, als wäre es die eigene Stadt gewesen, die gerettet wurde. Daran zeigt sich eindrucksvoll, wie unter dem Druck des Kriegs gegen die Engländer das Zusammengehörigkeitsgefühl der Franzosen wuchs.

Abb. 4: Im 19. Jahrhundert errichtete man in vielen französischen Städten Denkmäler zu Ehren von Jeanne d'Arc. Die meisten betonen den kriegerischen Aspekt, indem sie Jeanne in Rüstung und zu Pferde zeigen – so auch das hier abgebildete Denkmal in Orléans aus dem Jahr 1855.

Jeanne als Kämpferin

Im Kampf um Orléans verhielt sich Jeanne nicht so, wie man es sich am Königshof vorgestellt hatte. Sie beschränkte sich nicht darauf, den Soldaten durch ihre Anwesenheit und durch ihre Vorhersagen Mut zu machen. Vielmehr griff sie selbst aktiv in die Kämpfe ein, vor allem während des entscheidenden Angriffs am 7. Mai. Schon am Vormittag dieses Tages wurde Jeanne verwundet, wie sie es vorhergesagt hatte. Sie selbst berichtete später, sie habe gerade eine Leiter an das Bollwerk gelegt, als sie von einem Pfeil getroffen worden sei. Der Schütze muss also von oben auf sie herabgeschossen haben. Sein Pfeil traf Jeanne zwischen Hals und Schulter, durchschlug ihren Harnisch und drang rund 15 Zentimeter tief in ihren Körper ein, und zwar so, dass die Spitze auf der anderen Seite herausragte. Jeanne bekam Angst und weinte, wie ihr Beichtvater berichtete. Das Geschoss wurde entfernt, die Wunde verbunden. Daraufhin legte sie weinend und jammernd die Beichte ab.[107]

Bald darauf griff Jeanne wieder in die Geschehnisse ein. Die Quellen berichten ganz unterschiedliche Dinge darüber, was sie konkret tat. Das liegt nicht nur daran, dass die einzelnen Augenzeugen und Chronisten unterschiedliche Aktionen Jeannes miterlebten oder erzählt bekamen, sondern vor allem daran, dass sie jeweils das berichteten, was ihrem Bild von Jeanne am ehesten entsprach.

So berichtete Jeannes Beichtvater nur wenig von diesem Tag, vor allem kein Detail über den Kampf. Nicht einmal das militärische Ergebnis des Tages, die Eroberung des Bollwerks, fasste er in klare Worte. Er erzählte vielmehr Details, die Jeanne als barmherzige Christin zeigten. Nachdem ihre Wunde versorgt worden war, sei sie zum Bollwerk gegangen und habe dessen Verteidigern zugerufen: „Glasdale, Glasdale, ergib dich, ergib dich. Du hast mich Hure genannt. Ich bin sehr in Sorge wegen deiner Seele und derjenigen deiner Männer.“ Von dieser Episode ging der Beichtvater in seinem Bericht direkt zum Ertrinken Glasdales über. „Darüber begann Jeanne, von Mitleid bewegt, stark um die Seelen Glasdales und der anderen vielen Ertrunkenen zu weinen.“[108]

Der Bastard von Orléans hingegen betonte das, was ihm als erfahrenem Kriegsmann imponiert hatte: Jeannes Tapferkeit und ihren Anteil am Sieg. Trotz ihrer Verwundung habe sie wieder in den Kampf eingriffen, sie habe nicht einmal ein schmerzstillendes Medikament genommen. Der Kampf aber habe bis zum Abend gedauert. Er selbst habe ihn schon abbrechen wollen, doch Jeanne habe ihn gebeten, noch etwas zu warten. Dann sei sie zu einem Weingarten geritten, der etwas abseits des Kampfplatzes lag und habe dort einige Minuten gebetet. „Als sie aber von diesem Ort wiederkam, nahm sie sofort ihre Fahne in die Hand, stellte sich auf den Rand des Grabens und sofort, als sie dort stand, fürchteten sich die Engländer und wurden ängstlich. Die Kämpfer des Königs aber fassten wieder Zuversicht und begannen (den Wall des Bollwerks) zu ersteigen, stürmten das Bollwerk, ohne auf Widerstand zu stoßen. Zu dieser Zeit wurde das Bollwerk eingenommen. Die Engländer in ihm wandten sich zur Flucht. Alle starben.“[109]

Ein anderer Adliger, Jean d'Aulon, den Karl VII. beauftragt hatte, Jeanne zu schützen, schilderte ihre Taten an diesem Tag anders, als er 1456 aufgefordert wurde, eine Aussage zu machen, die für den Rehabilitationsprozess gebraucht wurde.[110] Er erzählte munter drauflos – nicht nur von Jeanne, sondern auch viel von sich selbst. Bezeichnenderweise erwähnte er erst ganz am Schluss seines Berichts über diesen Tag, dass Jeanne verwundet wurde. Auch das tat er nur, weil er Wert darauf legte festzuhalten, dass er derjenige gewesen sei, der sie am Abend verbinden ließ.

Aulon begann seinen Bericht damit, dass Jeanne am frühen Morgen die Hauptleute zur Beratung zusammengerufen habe. Der Kriegsrat habe sodann den Angriff auf das Bollwerk beschlossen, bis zum Abend habe sich jedoch kein Erfolg eingestellt. Daher habe man zum Rückzug geblasen.

Darauf folgte eine wenig Vertrauen erweckende Version des Kampfverlaufs, die mit anderen Augenzeugenberichten, insbesondere demjenigen des Bastards, nicht in Einklang zu bringen ist. Aus der Sicht des Erzählenden besaß sie aber den Vorteil, dass er sich darin selbst als den eigentlichen Eroberer des Bollwerks darstellen konnte. Der Träger von Jeannes Standarte, so erzählte d'Aulon, sei müde geworden und habe das Feldzeichen an einen tapferen Mann weitergereicht, den man „den Basken" genannt habe. D'Aulon habe gefürchtet, dass „aus dem Rückzug Böses folgen werde" und es nicht gelinge – gemeint ist damit wohl, dass es auch an den nächsten Tagen nicht gelingen würde –, die angegriffenen Befestigungen einzunehmen. Er habe nun gedacht, „wenn die Standarte nach vorne getragen werde, dann könnten sie wegen der großen Anhänglichkeit, die – wie er wusste – die Soldaten gegenüber dieser Fahne empfanden, auf diese Weise das Bollwerk erobern."

Also sei d'Aulon mit dem Basken in den Graben des Bollwerks gestiegen. Dann aber habe Jeanne ihre Standarte in der Hand des Basken gesehen, den sie nicht kannte. „Genau so, wie derjenige, der sie (die Standarte) trug, in den Graben gekommen war, kam die Jungfrau hinein. Sie packte die Standarte an der Stange, so dass er sie nicht haben konnte, und schrie: ‚Ha! Meine Standarte! Meine Standarte!' Sie winkte mit der Standarte, so dass nach Meinung des Zeugen dadurch die anderen glaubten, sie gebe ihnen ein Zeichen."

Der Baske entriss Jeanne ihr Feldzeichen. „Aufgrund dieses Vorfalls sammelten sich alle aus dem Heer der Jungfrau, ordneten sich noch einmal und griffen mit so großem Druck das Bollwerk an, dass wenig später das Bollwerk und die Bastille (Les Tourelles) von ihnen genommen und von den Feinden aufgegeben wurden."

Ob in dieser Geschichte überhaupt ein Körnchen Wahrheit steckt, ist nicht auszumachen. Über Jeannes Taten am 7. Mai 1429 sagt sie daher nur wenig aus. Interessant ist sie aber aus zwei anderen Gründen. Zum einen kreist sie um ein Element, das auch in anderen Erzählungen über Jeanne eine Rolle spielt: ihre Standarte, die zu ihrem Erkennungszeichen geworden war. Zum anderen dient die Erinnerung an Jeanne und ihre Taten hier überaus deutlich dem Wunsch d'Aulons, seine eigene Person in den Mittelpunkt zu stellen. Damit gemahnt sie daran, dass Erzählungen über Jeanne nicht einfach die Wahrheit festhielten, sondern die Erinnerung an sie von anderen auch für deren eigene Ziele ausgenutzt werden konnte. Unabhängig davon zeigt sich an dieser Episode, dass Jeanne keineswegs von allen als Heldin oder Heilige beschrieben wurde.

Ganz andere Akzente noch als der Beichtvater und die beiden Adligen setzt der Verfasser des Tagebuchs.[111] Er unterstreicht Jeannes Rolle als Prophetin, deren Voraussagen den Kämpfern immer wieder Mut einflößten. Zunächst berichtet er, dass die Hauptleute und Soldaten über Jeannes Verwundung bestürzt gewesen seien. Der Bastard soll sogar vorgeschlagen haben, den Kampf abzubrechen. Anders als die Aussage des Bastards bezieht sich dies auf einen Zeitpunkt am Vormittag und nicht am Abend. Zwar wollte Jeanne dies nicht, aber die Truppen zogen sich trotzdem zurück.

Daraufhin sagte sie: „Im Namen Gottes, ihr werdet sehr bald dort eindringen, zweifelt daran nicht, und die Engländer werden über euch keine Macht haben. Deshalb ruht euch etwas aus, esst und trinkt."

Dann zog sich Jeanne zum Gebet zurück. Vorher gab sie ihre Standarte ab und sagte dabei zu einem Adligen, der dabei stand: „Passt auf, wann die Spitze meiner Standarte das Bollwerk berührt." Als dies beim Angriff tatsächlich geschah, meldete der Adlige es ihr und sie erwiderte: „Alles gehört euch, dringt ein." Der Autor kommentiert dies mit den Worten: „Dieser Satz wurde bald darauf als Prophezeiung erkannt."

Das Bollwerk wurde gestürmt, nach Aussage des Autors auch deswegen, weil Les Tourelles gleichzeitig von Norden, von der zerstörten Brücke aus attackiert wurde, indem man Planken über die Lücken legte und über sie vorrückte. Der Verfasser des Tagebuchs nennt die Eroberung „eine der schönsten Waffentaten, die seit langem geschehen war". Er führt diesen Erfolg auf die Hilfe Gottes zurück, erwähnt an dieser Stelle aber nicht Jeanne, sondern die lokalen Heiligen: „Außerdem war es ein

Wunder Gottes, auf Bitten des heiligen Aignan und des heiligen Euverte, der ehemaligen Bischöfe und der Schutzpatrone von Orléans, wie es nach allgemeiner Meinung ganz offensichtlich war, das meinten sogar die Leute, die an diesen Tag (als Gefangene) in die Stadt geführt wurden."

Der Autor wendet sich der Reaktion der Stadtbewohner zu und berichtet, dass sie ein Tedeum feierten und alle Glocken läuteten. „Es gab große Freude überall, sie lobten über alle Maßen ihre tapferen Verteidiger, besonders und vor allem die Jungfrau Jeanne."

So unterschiedlich diese vier Schilderungen sind, eines ist ihnen allen gemein: Sie alle haben als selbstverständliche Grundlage, dass Jeannes Verhalten im Kampf wichtig, wenn nicht entscheidend war. Sie gab den Soldaten im Kampf ein Beispiel, sie spornte sie an und sie mahnte die Hauptleute zu energischem Angriff. Sie hatte einen enormen Einfluss auf den Kampfeswillen ihrer Leute und diese psychologische Wirkung war Jeannes unverzichtbarer Beitrag für ihr Heer.

Viele Zeitgenossen sahen die Erfolge, die auf dieses Wirken hin errungen wurden, als Wunder an. Der kriegserfahrene Herzog von Alençon sagte später aus, er sei zwar beim Kampf um Orléans nicht dabei gewesen. „Aber danach sah er die Befestigungsanlagen vor der Stadt und er betrachtete ihre Stärke. Er glaubte, dass diese eher durch ein Wunder als durch den Einsatz der Soldaten eingenommen worden seien, besonders die Festung Les Tourelles und die Bastille der Augustiner."[112]

Von anderen Aspekten der Kriegführung verstand Jeanne nichts. Sie missachtete simple taktische Regeln, wenn sie etwa die Engländer mehrfach dort angreifen wollte, wo sie am stärksten waren. Sie wusste sicherlich auch wenig darüber, wie ein Heer mit Waffen und Lebensmitteln versorgt werden musste. Aber all das beherrschten die Hauptleute des Heeres, Männer wie der Bastard, Gaucourt oder La Hire. Außerdem lernte Jeanne im Lauf der Zeit einiges dazu.

Es ist durchaus möglich, dass die französischen Truppen die Belagerung auch ohne Jeanne hätten beenden können. Das englische Heer war vielleicht von vornherein zu klein für die Belagerung einer so großen und gut befestigten Stadt. Zudem hatte es mit Sicherheit im Lauf der Monate Verluste erlitten. Aber ohne Jeannes Drängen und ihr Vorbild im Kampf wäre Orléans wohl später befreit worden. Womöglich hätten die französischen Hauptleute so lange gezögert, dass die Stadt kapituliert hätte.

Bemerkenswert an den vier Schilderungen ist auch, dass sie Jeannes Verhalten gutheißen. Das ist außergewöhnlich in einer Zeit, in der Frauen nicht kämpfen durften. Chronisten, die auf Seiten der Engländer oder der Burgunder standen, verdammten daher Jeannes Teilnahme am Kampf. Für die Leute Karls VII. aber war Jeannes kriegerisches Verhalten akzeptabel, weil Gott in ihrem Fall doch ganz offensichtlich wollte, dass sie kämpfte. Er hatte sie gesandt, er gab ihr die Fähigkeit, Prophezeiungen auszusprechen sowie im Kampf außergewöhnlich tapfer zu sein – und er schenkte ihr den Sieg. Wieder einmal bestätigte Jeanne durch ihr Verhalten und ihren Erfolg ihr Auserwähltsein, zumindest aus der Sicht jener, die an dieses Auserwähltsein ohnehin glaubten.

Auch ihre Verwundung tat dem Glauben an Jeanne keinen Abbruch. Man hätte die Verletzung und die

Abb. 5: Der Erste Weltkrieg und das 500-jährige Jubiläum der Befreiung von Orléans 1929 waren Ursachen dafür, dass Jeanne in der französischen Öffentlichkeit sehr viel Aufmerksamkeit zufiel. Auch dieses Denkmal zeigt sie. Es ist besonders bemerkenswert, weil es sich in der Pfarrkirche der elsässischen Stadt Colmar befindet und laut Inschrift den „Kindern der Gemeinde" gilt, die Opfer des Ersten Weltkriegs geworden seien. Die Bewohner von Colmar aber, die in diesem Krieg fielen, starben als Soldaten im deutschen Heer.

Schmerzen, die sie litt, als Indiz dafür auffassen können, dass Gott sie verlassen hatte und sie nicht mehr schützte. Aber das geschah nicht. Denn man wusste, dass Gott jenen, die er auserkoren hatte, mitunter Schweres zumutete. Viele Heilige, die mustergültig gelebt hatten, kamen bekanntlich grausam zu Tode. Sie zeigten ihre Glaubensstärke gerade dadurch, dass sie die Folter ertrugen. Gewiss, Jeanne hatte große Angst empfunden und vor Schmerzen geweint, als sie verwundet worden war. Aber das wussten nur die wenigen, die bei ihr gewesen waren. Ein sonst gut informierter Autor meinte hingegen sogar, Jeanne habe sich den Pfeil selbst aus der Wunde gezogen.[113] Alle aber betonten, dass Jeanne bald wieder am Kampf teilnahm. Sie ertrug die Schmerzen, vollbrachte ihre Aufgabe und bestätigte so abermals ihr Auserwähltsein.

Was Jeanne in Poitiers gesagt hatte, war eingetreten: Sie hatte ihr Zeichen vor Orléans gegeben. Bevor sie zur belagerten Stadt aufgebrochen war, hatten schon viele von ihr gesprochen. Jetzt wurde sie berühmt.

Kapitel 4

Reims, Paris, Compiègne

Der Feldzug an der Loire

Jeanne verließ Orléans schon am Tag nach der Aufhebung der Belagerung und begab sich an den Königshof, wo sie vier Wochen blieb. Am 6. Juni 1429 brach sie von Selles auf. Es galt, jene Städte im Umland von Orléans zurückzuerobern, welche die Engländer ein Jahr früher, vor ihrem Angriff auf Orléans, in ihre Gewalt gebracht hatten. Zu diesem Zweck vereinigten der Bastard von Orléans und der Herzog von Alençon ihre Truppen. Nach der Erinnerung des Herzogs ergab sich so eine Armee von 1200 Lanzen, also wenigstens 6000 Mann. Selbst wenn die Zahl übertrieben sein sollte, verfügten die französischen Kommandeure offensichtlich über ein großes Heer, zumal zu den königlichen Soldtruppen noch städtische Aufgebote, vor allem aus Orléans, kamen. Die Bürger wollten ihrer Stadt endlich wieder vollständige Sicherheit verschaffen. Die Engländer in der Umgebung waren den Franzosen deutlich unterlegen. Außerdem wollten sie ihre Stützpunkte verteidigen und mussten dazu ihre Truppen auf sie verteilen, da sie nicht wussten, wo die Franzosen zuerst angreifen würden.

Die Kampfhandlungen und insbesondere Jeannes Rolle dabei beleuchtet am eindrucksvollsten die Aussage des Herzogs von Alençon.[114] In Details weicht diese von anderen Schilderungen ab, entscheidend aber ist, wie er sich an Jeannes Taten erinnerte.

Die französischen Truppen wandten sich als erstes der Stadt Jargeau zu, die flussaufwärts von Orléans lag. Als sie dort ankamen, hielten ihre Anführer einen Kriegsrat ab. Einige Hauptleute hielten die englische Garnison für zu stark, als dass man einen Sturm auf die Stadt wagen könne. Jeanne aber argumentierte, „dass sie nicht irgendeine Menge (von Soldaten) fürchten und keine Schwierigkeit darin sehen sollten, die Engländer anzugreifen, denn Gott führe ihr Werk an." Erneut berief sie sich also auf ihren göttlichen Auftrag und ging über das militärische Argument hinweg. Ihre Meinung, man solle die Stadt stürmen, fand die Unterstützung einiger Hauptleute, die vermutlich mehr als Jeanne auf die militärischen Möglichkeiten geachtet haben werden.

Als die Franzosen am 11. Juni 1429 vor Jargeau erschienen, wurden sie von den Engländern angegriffen. „Als Jeanne das sah, ergriff sie ihre Fahne, ging gegen sie vor und ermahnte die Soldaten, dass sie guten Mutes sein sollten." Der Angriff wurde zurückgeschlagen.

Am nächsten Tag sollte die Stadt gestürmt werden. Alençon befürchtete, dass der Angriff zu früh beginne, die eigenen Truppen also noch nicht für den Kampf bereit seien. Wieder berief sich Jeanne auf die göttliche Unterstützung: „Zweifelt nicht! Die Stunde ist richtig, in der es Gott gefällt." Außerdem sagte sie: „Handelt und Gott wird handeln." Zudem neckte sie den vorsichtigen Herzog: „Ach, lieber Herzog, fürchtest du dich? Weißt du nicht, dass ich deiner Ehefrau versprochen habe, dich gesund und unversehrt zurückzubringen?"

Tatsächlich hatte Jeanne, so erzählte der Herzog, kurz vor Beginn des Feldzugs mit seiner Frau gesprochen, die Angst um ihn hatte. Diese Angst begründete er jedoch nicht mit der Sorge um sein Leben, sondern weitaus nüchterner: Er sei erst vor Kurzem mit viel Geld aus englischer Kriegsgefangenschaft freigekauft worden. Nun befürchte seine Gattin offenbar, dass sich der Vorgang wiederholen könnte. Es ging ihr also weniger um seine Gesundheit als um das Geld.

Etwas später, so berichtete der Herzog von Alençon weiter, habe Jeanne ihn aufgefordert, von der Stelle wegzugehen, an der er gerade stand. Ein Wurfgeschütz, das auf den Mauern stand, werde ihn sonst töten. Der Herzog folgte ihrem Rat und kurz darauf wurde an diesem Ort ein Adliger getötet. Jeanne hatte wieder einmal etwas vorhergesehen.

Dann begann der Sturm: „Jeanne war auf der Leiter und hielt in der Hand ihre Fahne. Diese Fahne und Jeanne wurden von einem Stein getroffen, der auf ihrem Helm zerbrach. Jeanne wurde zu Boden geworfen. Als sie sich erhob, sagte sie den Soldaten: ‚Freunde, Freunde, auf, auf! Unser Herr hat die Engländer verdammt. In dieser Stunde gehören sie uns. Habt guten Mut!'"

Wie vor Orléans kämpfte Jeanne also mit ihrer Fahne in der Hand in vorderster Linie mit. Wieder wurde sie von den Feinden getroffen, trieb aber sofort ihre Leute weiter an. Der Angriff war erfolgreich, die Franzosen drangen in die Stadt ein und eroberten sie. Dabei wurden mehrere Hundert Engländer getötet.

Als nächstes wandte sich das französische Heer nach Meung, das flussabwärts von Orléans lag. Bereits als sich das französische Heer näherte, gaben die Engländer am

15. Juni 1429 die Stadt auf. Die Franzosen marschierten weiter nach Beaugency, das schnell zur Kapitulation gezwungen wurde. Die Besatzung durfte frei abziehen.

In diesem Moment erreichte die französischen Anführer die Meldung, dass ein englisches Heer herankomme. Tatsächlich näherten sich rund 6000 Mann unter dem Kommando von Talbot aus Norden. Dem Herzog von Alençon zufolge rief Jeanne mit der üblichen Kampfeslust: „Im Namen Gottes, wir müssen gegen sie kämpfen! Und wenn sie an den Wolken hingen, kriegten wir sie, denn Gott schickt sie uns, damit wir sie bestrafen."

Ob Jeanne den Sieg mit genau diesen Worten prophezeite, ist zweifelhaft. Wahrscheinlich ist aber, dass Jeanne tatsächlich in irgendeiner Formulierung den Sieg voraussagte. Das tat sie immer, denn diese Prophezeiungen gehörten zu ihrer Rolle als von Gott gesandte Retterin. Wieder trat die Voraussage ein, abermals bekräftigte sich ihr Auserwähltsein.

Laut dem Herzog von Alençon prophezeite Jeanne sogar, wie überwältigend der bevorstehende Sieg ausfallen werde: „Der liebe König wird heute den größten Sieg erringen, den er jemals errang. Meine Ratgeber sagten mir, dass sie (die Engländer) alle unser seien."

Hier dürfte wohl die Erinnerung an Jeannes Worte vom Wissen über den tatsächlichen Ausgang beeinflusst worden sein. Denn die Schlacht, die am 18. Juni 1429 bei dem Dorf Patay stattfand, war für die Engländer eine überaus harte Niederlage. Rund ein Drittel von ihnen soll gefallen sein und ihr Anführer Talbot geriet in Gefangenschaft. Der französische Erfolg führte unmittelbar dazu, dass einige Städte, gegen die sich die Sieger nach der Schlacht wandten, sehr schnell kapitulierten, weil sie keine Hilfe mehr von Talbot und seinen Truppen erwarten konnten.

Jeanne hatte das Schlachtfeld erst erreicht, als der Kampf schon entschieden war. Trotzdem erklärten viele den Sieg mit ihrem Wirken. Jetzt drängte sie darauf, dass ihr nächstes Ziel angestrebt wurde, das wichtigste überhaupt: Der Zug nach Reims.

Die militärische Wende

Die Erfolge in der Loire-Gegend gründeten auch auf tiefer gehenden Entwicklungen, welche die Zeitgenossen selbst nur in Ausschnitten wahrnehmen konnten.[115] England hatte sich seit einiger Zeit übernommen, das Valois-Königtum dagegen hatte, wenn auch beschränkt auf einen kleinen Teil Frankreichs, seine Strukturen konsolidieren können. Die Siege von Orléans und Patay stießen nun eine Kette von Reaktionen an, welche diese Entwicklungen offen sichtbar werden ließen. Insbesondere veränderten sie die militärische Grundkonstellation.

Auf französischer Seite wurde durch die unerwarteten großen Erfolge die Kampfmoral ganz erheblich gestärkt, nicht zuletzt deswegen, weil ihnen bei Patay erstmals seit dem Wiederbeginn des Krieges vor 14 Jahren ein großer Erfolg gegen die Engländer in einer Feldschlacht gelungen war. Die finanzielle Lage war noch schlecht, aber mittelfristig sollte sich das ändern – auch dadurch, dass der König durch die Rückeroberungen der französischen Städte und Landstriche neue Steuerzahler erhielt. Angesichts des Leids, das der Krieg gegen die Engländer verursacht hatte, und der neuen, nachweisbaren Erfolge ließen sich die damit verbundenen finanziellen Anstrengungen auch den Steuerzahlern gut vermitteln: Das Geld schien gut angelegt.

Bei den Engländern war die Lage trister und komplizierter. Seit dem Sommer 1429 mangelte es ihnen an Soldaten – nicht in den rund 50 Garnisonen der Normandie, welche insgesamt eine ansehnliche Stärke besaßen, sondern im Feldheer. Dies lag daran, dass sich das englische Kriegswesen seit dem Vertrag von Troyes 1420 an die militärische Lage angepasst hatte. Da England die Oberhand hatte und die französischen Truppen immer weiter zurückdrängte, konnten die Engländer die Garnisonen in Burgen und Städten relativ klein halten. Ihre Operationen führten sie wie 1428 im Wesentlichen mit Hilfe von Truppen aus, die in England für den jeweiligen Feldzug angeworben wurden – in der Stärke, die benötigt wurde, und zu dem Termin, an dem sie eingesetzt wurden. Dieses System war effektiv und billig, erwies sich aber unter den veränderten Umständen als zu schwerfällig.

Denn ab dem Sommer 1429 mussten die Engländer auf Initiativen ihrer Feinde reagieren. Wenn die Franzosen eine Operation begannen, dauerte es zu lange, in England ein Heer aufzustellen und nach Frankreich zu verlegen. Die Garnisonen aber wurden in den Festungen gebraucht, und weil die Bedrohung wuchs, mussten sie noch verstärkt werden. Außerdem waren die Hauptleute der Städte durch ihre Soldverträge nicht verpflichtet, ihre Männer außerhalb der jeweiligen Stadt einzusetzen. Im Verlauf des Sommers merkte man am Hof des Regenten, wie nachteilig die bisherige Praxis war. Ab Oktober 1429 fügte man daher in die Soldverträge eine Klausel ein, welche die Hauptleute der Festungen verpflichtete, ihre berittenen Kämpfer auf Befehl zu Unternehmungen jeder Art abzustellen.

Wegen der zunehmenden militärischen Aktivitäten der Feinde benötigte der Regent mehr Truppen, also mehr Geld. Ab Sommer 1429 traten daher Probleme bei der Bezahlung der Truppen auf, in der Folge konnten die Gelder oft nur mit mehrmonatiger Verzögerung an die Hauptleute übergeben werden. Zudem hing das ganze bisherige System der Heeresaufbringung von der Autorität Bedfords ab, die aber infolge der Niederlagen sank. Entsprechend wurde es für Bedford immer schwieriger, in England wie in der Normandie die notwendigen Maßnahmen durchzusetzen. Ein ganz konkretes Problem kam noch hinzu. Wegen der Kampfhandlungen konnte sich Bedford im Herbst 1429 nicht, wie er es sonst getan hatte, darum kümmern, dass die Soldverträge, die im Allgemeinen auf ein Jahr abgeschlossen und jeweils zum Michaelistag, dem 29. September, erneuert wurden, tatsächlich verlängert wurden. Daher fehlte es dem englischen Heer an Soldaten, und die militärischen Aktivitäten der Engländer ließen nach.

Zu den strukturellen Problemen traten psychologische. Aufgrund der Misserfolge sank die Kampfmoral der englischen Truppen. Ende 1429 und im Jahr 1430 kam es oft zu Gehorsamsverweigerung und Desertionen im englischen Heer, weil die Niederlagen die Soldaten demoralisierten, weil die überraschende Gegenoffensive für Verwirrung sorgte – und weil einige Soldaten Angst vor der Jungfrau hatten.

Zwei Mal erließ König Heinrich VI. Befehle, damit Soldaten, die sich in England vor der Verschiffung nach Frankreich vom Heer entfernt hatten, dazu gedrängt wurden, ihrer Pflicht nachzukommen. Doch hütete sich der Herrscher davor, die Gründe für die Dienstverweigerung zu benennen. Die Schreiber aber, die diese Anordnungen in die Register eintrugen, notierten als Überschrift, es gehe darin um „Hauptleute und Soldaten …, die durch die Zaubereien der Jungfrau verschreckt sind", beziehungsweise um „Flüchtige vom Heer, die durch die erschreckende Wirkung der Jungfrau entmutigt wurden".[116]

Auch die Inhaber von Lehen in den englisch besetzen Gebieten, von denen bisher eine große Anzahl im Heer gedient hatten, verspürten immer weniger Neigung, ihrer Pflicht nachzukommen. Zu guter Letzt war zudem die Kriegsmoral des wichtigsten Verbündeten gesunken. Herzog Philipp von Burgund begann sich zu fragen, ob er nicht die Seite wechseln sollte. Er distanzierte sich vorsichtig von Bedford. Das führte dazu, dass es nach der Belagerung von Orléans – mit einer Ausnahme – keine gemeinsamen englisch-burgundischen Feldzüge mehr gab. Nachdem die englischen Truppen 14 Jahre lang ihren Gegnern deutlich überlegen gewesen waren, wurde die militärische Lage auf dem Kontinent für sie nun plötzlich kritisch.

Der Zug nach Reims

Die französischen Könige hatten seit jeher dafür gesorgt, dass ihre Herrschaft ein besonderer Nimbus umgab. Dessen ältestes und wichtigstes Element stellte die Königsweihe in Reims dar. In allen Königreichen des Mittelalters war es üblich, den Antritt eines neuen Herrschers durch eine kirchliche Zeremonie zu feiern, die seine Erwählung durch Gott zum Ausdruck brachte und ihn der weiteren Hilfe Gottes versichern sollte. Im Lauf dieser Feier wurden dem Herrscher seine Insignien überreicht, zum Beispiel ein Schwert und ein Zepter, vor allem aber die Krone, das Sinnbild königlicher Macht. Danach wurde diese Zeremonie im Allgemeinen als Krönung bezeichnet.

Zum Procedere zählte stets auch eine Weihe, eine liturgische Handlung, in der ein Geistlicher im Namen Gottes den König in seinen neuen Rang einwies. Zur Weihe gehörte neben Fürbitten und liturgischen Gesängen insbesondere, dass der König nach dem Vorbild der Könige des Alten Testaments mit Öl gesalbt wurde.

Die französischen Könige verfügten zu diesem Zweck, wie man meinte, über jene Ölampulle, die eine Taube bei der Taufe Chlodwigs, des ersten christlichen Frankenkönigs, vom Himmel herab gebracht hatte. Dieses von Gott gesandte Öl zeichnete die französischen Könige vor allen anderen Herrschern Europas aus. Daher nannte man die Zeremonie in Frankreich meist nicht Krönung, sondern Königsweihe (sacre).

Die Taufe Chlodwigs soll in Reims und durch den Erzbischof von Reims, den heiligen Remigius, stattgefunden haben. Mit dieser Stadt war die Verbindung zwischen dem französischen Königtum und Gott daher symbolisch verknüpft. Diese Verbindung wurde immer wieder erneuert, weil die Königsweihe seit 1129 stets in Reims und unter der Leitung des dortigen Erzbischofs vollzogen wurde.

Früher geschah die Einsetzung des französischen Königs durch die Akklamation der Fürsten und durch die

Krönung. Mit Ludwig VIII. trat im Jahr 1223 erstmals ein französischer König die Herrschaft an, ohne dass die Fürsten auch nur formell zustimmten. Seitdem hatten die königlichen Juristen die Theorie entwickelt, dass in der Sekunde, in der ein König starb, sein rechtmäßiger Erbe der neue Herrscher war. In der Begräbniszeremonie kam dies zum Ausdruck, indem ein Herold die berühmten Sätze rief: „Der König ist tot. Es lebe der König!" (Le roi est mort. Vive le roi!)

Auch Karl VII. und Heinrich VI. führten beide aufgrund dieser Theorie seit dem Tod Karls VI. den Titel eines Königs von Frankreich. Für die Weihe war Heinrich VI. noch zu jung, Karl VII. hingegen war es nicht möglich, diese Zeremonie in Reims durchzuführen, weil die Stadt vom Feind besetzt war. Eine Weihe an einem anderen Ort, ohne das Öl aus der Heiligen Ampulle, wäre wertlos gewesen. Ohnehin mögen viele am Hof die Weihe nicht so hoch geschätzt haben, wie es große Teile des Volkes taten. Für das Volk, genauso wie für Jeanne, bedeutete die Weihe den Ausdruck des Bündnisses zwischen Gott und dem König. Erst die Weihe gab dem König seine volle Legitimität. Jeanne sprach daher Karl VII. bis zur Weihe nicht als König, sondern stets als Dauphin an. Aufgrund des hohen Ansehens der Königsweihe war sie ein Ziel, das aus politischen Gründen sehr wichtig war.

Das Problem bestand jedoch nach wie vor darin, dass die Champagne von Engländern und Burgundern besetzt war. Der Weg nach Reims würde einen Feldzug erfordern. Daher versammelte Karl VII. ein beachtliches Heer von 5000 bis 6000 Mann, bevor er am 28. Juni 1429 von Gien in die Champagne aufbrach. Jeanne war mit einem Teil des Heeres wohl schon einen Tag früher losmarschiert. In diesen Tagen sandte sie dem Herzog von Burgund einen Brief, dessen Text verloren gegangen ist. Man weiß jedoch, dass Jeanne den Adressaten zur Königsweihe nach Reims einlud.[117] Sie bekam keine Antwort und wahrscheinlich rechnete von vornherein niemand mit dem Erscheinen des Herzogs in Reims. Philipp würde sicherlich nicht bereit sein, dem Mörder seines Vaters zu huldigen und eine offene Verweigerung dieses Akts hätte bei der Weihe einen Skandal ausgelöst. Offenbar verfolgte der Brief auch keineswegs die Absicht, den Burgunder nach Reims zu locken. Vielmehr ging es wohl darum, Verhandlungen mit ihm anzuknüpfen. Es ist überraschend, dass sich Jeanne dazu bereit fand, dem verhassten Burgunder zu schreiben. Ob das bedeutet, dass sie auf dem besten Weg war, eine Realpolitikerin zu werden, ist jedoch zu bezweifeln.

Die Stadt Auxerre, die auf der Route lag und zu Burgund stand, konnte dazu überredet werden, das Heer passieren zu lassen und den Soldaten sogar Lebensmittel zu verkaufen. Das nächste Hindernis, Troyes, war beunruhigender, denn dort gab es eine starke feindliche Garnison. Das war umso gravierender, als das königliche Heer kein Gerät für Belagerungen mit sich führte. Es konnte also nur wenig militärischen Druck ausüben. Jeanne sandte daher einen Brief an den Stadtrat und die Bürger; ob sie selbst auf diese Idee kam oder ob sie jemand am Hof darum bat, ist nicht zu ermitteln. Anders als in ihren Schreiben an die Engländer ist der Ton freundlich. Im Auftrag Gottes befahl sie den Empfängern, sie sollte Karl VII. in ihren Mauern empfangen. Eine Drohung steckte lediglich in einem Satz. Sie schrieb, dass Jeanne und der König „mit der Hilfe Gottes in alle Städte einziehen werden, die dem heiligen Königreich gehören müssen."[118]

In Troyes weigerte man sich dennoch, den König und das Heer einzulassen. Der königliche Rat war wegen des weiteren Vorgehens uneins. Einige tendierten angeblich sogar dazu, den ganzen Zug abzubrechen. Jeannes Eingreifen gab den Ausschlag. Wenngleich sie auch zu dieser Beratung nicht eingeladen worden war, kam sie dazu. Ob man sie hinzuholte oder ob sie auf eigene Initiative dazu stieß, ist nicht zu entscheiden. Jedenfalls versicherte Jeanne dem Rat, die Stadt werde binnen weniger Tage fallen. Daraufhin entschlossen sich die Befehlshaber, den Angriff vorzubereiten.

Kurz darauf aber willigte die Stadt doch ein, den König zu empfangen. Die englische Garnison ließ man unbehindert abziehen. Am 10. Juli 1429 feierte Karl VII. seinen feierlichen Einzug in Troyes. Solch ein Einzug war weit mehr als eine freundliche Begrüßung im großen Rahmen. Es handelte sich um eine althergebrachte Zeremonie, in der Bürger und König ihr politisches Verhältnis zueinander rituell darstellten. Die Bürger erkannten den König als ihren Herrscher an und gelobten ihm Gehorsam, dieser wiederum bestätigte ihre Privilegien.

Zwei Tage später zogen der König und das Heer weiter. Aus der nächsten Stadt, Châlons-en-Champagne, kamen ihnen schon Gesandte entgegen und erklärten, die Bürger würden dem König Gehorsam leisten. Am 14. Juli zog Karl VII. auch in diese Stadt feierlich ein.

An diesem Tag traf Jeanne fünf Leute aus ihrem Heimatdorf. Warum sie in Châlons waren, ist nicht klar. Einem von ihnen, ihrem Patenonkel Jean Morel, schenkte sie bei diesem Wiedersehen ein rotes Kleid, das sie getragen hatte. Offenbar wünschte Morel sich ein Andenken an Jeanne, deren Ruf als von Gott Erwählte sich gewiss auch in Domrémy und Umgebung herumgesprochen hatte.

Ein anderer dieser Fünf, Gérard d'Épinal, sagte später aus, Jeanne habe gesagt, „dass sie nichts außer Verrat fürchte".[119] Vielleicht meinte sie damit jene Leute, die auf Verhandlungen mit dem Verräter Philipp dem Guten von Burgund drängten, statt, wie Jeanne es anstrebte, die Engländer um jeden Preis militärisch zu vertreiben. Gérard aber dürfte das nach ihrem Tod an eine Parallele erinnert haben: Auch Jesus wurde verraten.

Von Châlons ging es weiter nach Reims, wo der Zug am 16. Juli eintraf. Tags darauf, am 17. Juli 1429, fand die Königsweihe in der Kathedrale statt. Vier verdiente Feldherren holten hoch zu Ross die Heilige Ampulle aus der Abtei Saint-Rémi. Damit begann die prächtige, fünfstündige Zeremonie, an der eine Vielzahl von Personen mitwirkte.

Eine von Gott gesandte Jungfrau ließ sich allerdings nicht recht in den altehrwürdigen liturgischen Ablauf einordnen. Dennoch fiel Jeanne auf und blieb den Augenzeugen im Gedächtnis, wieder aufgrund ihres Kennzeichens, der Standarte. Als drei Adlige vom Hof der Königin, die nicht nach Reims mitgekommen war, noch am Tag der Weihe brieflich davon berichteten, hoben sie Jeanne hervor: „Während dieses Mysteriums hielt sich die Jungfrau immer nahe beim König auf, ihre Standarte in der Hand. Es war sehr schön, das schöne Auftreten des Königs und auch der Jungfrau zu sehen."[120]

Jeannes Vater erlebte mit, wie sie in der Kathedrale dicht neben dem König stand, umgeben von weltlichen

Abb. 6: Die Kathedrale von Reims, Schauplatz der Königsweihe.

und geistlichen Fürsten. Jacques d'Arc war nach Reims gekommen, um seine Tochter zu sehen und die Weihe mitzuerleben. Auf seine Initiative hin dürfte der König am 31. Juli 1429 die Steuerbefreiung für die Dörfer Greux und Domrémy angeordnet haben. Die königliche Kasse bezahlte außerdem eine Zeitlang seine Herberge und ließ ihm 60 Pfund zukommen – für den lothringischen Bauern war dies ein enormer Betrag.[121] Nachdem seine Tochter mit dem Heer weitergezogen war, blieb Jacques d'Arc noch einige Wochen in Reims. Erst am 5. September 1429 hielt der Stadtrat fest: „Es wurde beschlossen, dem Vater der Jungfrau seine Ausgaben zu erstatten und ihm ein Pferd für die Rückreise zur Verfügung zu stellen."[122] Jeanne sah ihren Vater bei dieser Gelegenheit zum letzten Mal, denn er starb in den folgenden Monaten.

Jeanne hatte nun das zweite der vier Ziele erreicht, die sie in Chinon und Poitiers formuliert hatte. Es war der Höhepunkt ihres Wirkens.

Der Marsch nach Paris

Jeanne hatte am Tag der Königsweihe auch noch etwas anderes zu tun, denn eine Gesandtschaft Philipps des Guten erreichte die Stadt Reims. Die Jungfrau fand sich bereit, dem Herzog einen Brief zu schicken, der sehr freundlich begann: „Jeanne, die Jungfrau, fordert Euch im Namen des himmlischen Königs, meines rechtmäßigen und souveränen Herrn, auf, dass der König von Frankreich und Ihr einen guten, festen Frieden schließen sollt, der lange hält. Verzeiht einander guten Herzens und vollständig, wie es gute Christen tun sollen. Wenn Ihr Krieg führen wollt, tut es gegen die Sarazenen."[123]

Dann forderte sie den Herzog auf, jene Festungen zurückzugeben, die dem König zustanden, und unterstrich dies durch die Drohung, Philipp der Gute werde keine Schlacht mehr gegen den König gewinnen, wenn er weiter gegen ihn Krieg führe. Es sollte also Frieden geschlossen werden – allerdings nur ein Friede, der nach ihren Vorstellungen den gerechten Zustand wieder herstellte. Darauf aber würde sich der Burgunder nicht einlassen.

Tatsächlich führten die Verhandlungen mit den burgundischen Gesandten lediglich zu einem Waffenstillstand, der gerade einmal zwei Wochen andauern sollte. Jeanne war wütend und scheute sich nicht, ihren Ärger deutlich auszudrücken. Am 5. August 1429 schickte sie einen Brief an die Stadt Reims:

„Jeanne, die Jungfrau, lässt Euch Neuigkeiten von sich wissen und sie bittet Euch und fordert Euch auf, dass Ihr nicht am guten Streit zweifelt, den sie für das königliche Blut führt. Ich verspreche und bestätige Euch, dass ich Euch nie im Stich lassen werde, solange ich lebe."[124]

Dann berichtete sie von dem kurzen Waffenstillstand, den der König mit dem Herzog von Burgund geschlossen habe. Sie selbst werde ihn nicht einhalten, und wenn doch, dann nur, um die Ehre des Königs zu wahren. Was sie selbst anstrebte, zeigt die Formulierung, in der sie kundtut, an welchem Ort sie diesen Brief geschrieben habe: „In einer Unterkunft auf dem Feld auf dem Weg nach Paris."

Jeanne wollte also Paris einnehmen. Das erschien ihr als das nächste logische Ziel und sie verhehlte ihre Entschlossenheit nicht. Die drei Adligen, welche den Brief über die Königsweihe an die Königin sandten, vermerkten knapp: „Die Jungfrau lässt keinen Zweifel, dass sie Paris zum Gehorsam bringen wird."[125]

Jeanne wusste Anfang August wohl nicht, dass Karl VII. dabei war, eine Gesandtschaft zu Philipp dem Guten zu senden. Die Diplomaten erreichten am 16. August Arras, wo sich der Herzog aufhielt. Der König ließ seinem Cousin durch die Abgesandten große Zugeständnisse anbieten, um dessen Bündnis mit England aufzubrechen. Einstweilen aber hatte die Initiative keinen Erfolg.

Der König, Jeanne und das Heer hatten Reims schon am 21. Juli in Richtung Norden verlassen. Die Stadt Laon, die kurz zuvor noch Philipp den Guten beherbergt hatte, unterwarf sich, ebenso Soissons und Château-Thierry. Anschließend marschierte das Heer Richtung Paris, allerdings nicht auf direktem Weg. Stattdessen zog man von Château-Thierry zunächst nicht nach Westen, wo Paris lag, sondern nach Süden und dann, ein wenig nach Westen ausholend, zurück nach Château-Thierry. Von dort aus ging es nach Nordwesten, nach Compiègne, und erst danach weiter nach Südwesten.

Das Zaudern war durchaus sinnvoll, denn Karl VII. unterwarf auf diese Weise binnen weniger Wochen die ganze Champagne wieder seiner Herrschaft. Der Feldzug war damit ein großer Erfolg, der zudem mit wenig Blutvergießen errungen wurde. Für diese Strategie sprach auch, dass sich das französische Heer vorsehen musste, da Bedford in der Zwischenzeit ein neues Heer versammelt hatte und die Franzosen ihm sicherlich nicht unversehens begegnen wollten.

Am 15. August 1429 standen sich die beiden Heere schließlich knapp 50 Kilometer nordöstlich von Paris beim Dorf Montépilloy gegenüber. Keiner wagte das Risiko eines Angriffs und so zogen beide Heere am nächsten Tag wieder ab. Das Geschehen stellte sich als Erfolg Karls VII. heraus. Denn viele Städte, die bislang von seinen Feinden besetzt waren, interpretierten das Verhalten Bedfords wohl so, dass dieser nicht fähig war, ihnen zur Hilfe zu kommen, und unterwarfen sich ohne weiteren Kampf Karl VII.

Erst jetzt wandte sich Karl VII. gegen Paris. Am 26. August erreichten Jeanne und Alençon die nördlich der Stadt gelegene Abtei Saint-Denis. Am 7. September gelangte auch der König dort an, am folgenden Tag sollte der Angriff auf Paris erfolgen.

Endlich hatte Jeanne erreicht, was sie wollte. Dass der Angriff am Festtag Marien Geburt stattfand, störte sie offenbar nicht. Beim Sturm auf das Tor Saint-Honoré war sie wie immer vorneweg, mit der Fahne in der Hand. Sie wusste selbst, dass die Hauptleute nur ein Scharmützel beabsichtigten,[126] doch davon unbeeindruckt, hoffte sie, die Mauern zu übersteigen.

Die genauen Pläne der französischen Anführer bleiben unklar. Fest steht lediglich, dass der Ablauf des Kampfes bestätigte, was die Hauptleute von vornherein befürchtet haben werden: Paris konnte nicht genommen werden. Die Stadt war zu gut befestigt, zu groß und konnte zu viele Kämpfer stellen. Außerdem hielten die Pariser Bürger fest zum englischen Regenten Bedford, denn ihre Milizen verteidigten an diesem Tag die Stadt. Engländer befanden sich nur in geringer Zahl in Paris.

Am Abend wurde Jeanne von einem Armbrustbolzen am Bein verwundet. Wieder beschreibt ein Chronist eine Heldengeschichte. Jeanne habe trotz der Verletzung die Soldaten weiter zum Kampf angefeuert und nur gegen ihren Willen habe man sie aus dem Graben herausgetragen.[127]

Ganz anders wird diese Episode von einem Pariser geschildert, der ein strikter Gegner Karls VII. war. Jeanne nennt er „eine Kreatur in Gestalt einer Frau ... die man die Jungfrau nannte. Wer sie war, weiß Gott allein". Jeanne habe sich an den Rand des Grabens gestellt, die Stadt zur Übergabe aufgefordert und allen mit dem Tod gedroht. Ein Pariser habe gerufen: „Seht, eine Nutte, eine Hure." Dann habe er auf sie geschossen und sie am Bein getroffen. Daraufhin sei sie geflohen.[128]

Wie Jeanne mit einem Armbrustbolzen im Bein geflohen sein soll, erklärt der Autor nicht. Seine Worte erzählen von einer diabolischen Frau, die für ihre vermessenen und verbrecherischen Worte durch einen anständigen Pariser auf der Stelle bestraft wurde. Am Ende seines Berichts von diesem Tag behauptet er, die Soldaten Karls VII. hätten Jeanne nach dem Kampf verflucht, weil sie ihnen vorher versprochen habe, dass sie die Stadt ohne Schwierigkeiten einnehmen und dabei große Beute machen könnten. Nach dieser Beschreibung hätten also sogar Jeannes eigene Leute ihre Lügen in diesem Moment durchschaut.

Dem Chronisten Cagny zufolge soll Jeanne am nächsten Morgen in aller Frühe erklärt haben, dass sie einen erneuten Versuch unternehmen werde.[129] Der König ordnete jedoch an, dass sich das Heer wieder in Saint-Denis sammeln solle. Ein paar Tage später befahl er den Rückmarsch nach Süden.

Jeanne schenkte der Abtei Saint-Denis ihre Rüstung und ein Schwert, das sie vor Paris erbeutet hatte, als Weihegabe, wie es durchaus üblich war. Eine solche Weihegabe war auch jenes Schwert gewesen, das sie aus Sainte-Catherine-de-Fierbois holen ließ. Sie dankte mit dieser Geste Gott dafür, dass sie die Kämpfe lebend, wenn auch verwundet, überstanden hatte. Gewiss war sie darüber enttäuscht, dass es nicht gelungen war, Paris einzunehmen. Aber als Zeichen der Resignation kann man die Weihegabe kaum werten, denn Jeanne beharrte weiterhin auf ihren Zielen.

Der Chronist Jean Chartier, ein Mönch der Abtei Saint-Denis, berichtet stolz von dem Geschenk: „Dort vor den wertvollen Körpern unseres Herrn St. Dionysius und seiner Gefährten wurde die Rüstung der Jungfrau aufgehängt und zurückgelassen, die sie aus großer Frömmigkeit schenkte."[130]

Doch schon bald nach dem Abzug des französischen Heeres kontrollierten wieder englische Truppen das Gebiet um die Abtei Saint-Denis. Empört beschreibt Chartier, was nun geschah: „Bald nach dem Abzug (des Königs) kamen die Engländer aus Paris und fanden die Rüstung der Jungfrau Jeanne. Auf Anweisung des Bischofs von Thérouanne, des Kanzlers für jene Gebiete, die dem König von England gehorchten, wurde sie weggebracht, ohne dass die Kirche dafür irgendwie entschädigt worden wäre, was ein klares, offensichtliches Sakrileg ist."[131]

Selbstredend konnten es die Engländer nicht zulassen, dass ein Erinnerungsstück an die Jungfrau, die für sie eine Hure, Hexe und Ketzerin war, in der Kirche zur Schau gestellt wurde. Vielleicht aber entging ihnen das Schwert. Denn später behauptete die Abtei, ein Schwert mit einem goldverzierten Gürtel zu besitzen, das Jeanne gehört habe.[132]

Der nicht einmal drei Monate dauernde Feldzug hatte dem König unabweisbare Erfolge eingetragen. Nicht zuletzt hatte er die Königsweihe empfangen und damit beträchtlich an Prestige gewonnen. Der englische Hof versuchte gleichzuziehen, indem am 16. Dezember 1431 in Notre-Dame in Paris die Königsweihe an Heinrich VI. vollzogen wurde. Aber diese Zeremonie wurde kaum beachtet und drückte nur die Hilflosigkeit Heinrichs aus.

Auch hatte Karl VII. seine finanzielle Lage deutlich verbessert. Sein Heer hatte eine wohlhabende Provinz zurückerobert, und das obendrein schnell, ohne große Kampfhandlungen und ohne hohe Verluste. Niemand hätte das ein Jahr zuvor für möglich gehalten. Jetzt stand der Winter bevor, ein Waffenstillstand mit Philipp dem Guten sicherte das eroberte Gebiet und verschaffte eine Atempause. Der König konnte sein Heer auflösen und das Geld für den Sold sparen.

Jeanne waren solche Einsichten verschlossen, denn kluge Beschränkung lag ihr nicht. Ihrer Meinung nach mussten die Engländer so schnell wie möglich geschlagen werden, damit der rechtmäßige, gottgewollte Zustand wieder hergestellt würde. Gott würde helfen – sogar bei einem Vorhaben wie dem Sturm auf Paris, das nach menschlichem Ermessen aussichtslos war.

Jeannes Erfolge veränderten auch ihre Stellung am Königshof. Wie man Jeanne dort im Sommer und Herbst 1429 wahrnahm, zeigt ein Brief, den der Adlige Gui XIV. de Laval am 8. Juni 1429 an seine Mutter schrieb.[133] Laval stammte aus einer einflussreichen Familie und verfügte über großes Ansehen beim König, der ihn wenige Zeit später zum Grafen erhob. In seinem Brief berichtete er seiner Mutter über allerlei, was am Hof vorging; offensichtlich wollte er sie auf dem Laufenden halten. Die Jungfrau ist also nur eines von vielen Themen in seinem Brief, dennoch ist die Art, wie er von ihr schreibt, sehr aufschlussreich.

Laval berichtete seiner Mutter, dass er am 6. Juni mit dem König von Saint-Aignan nach Selles-sur-Cher gereist sei. Auf Geheiß des Königs sei ihnen „die Jungfrau" von dort entgegengeritten. Was es mit dieser Jungfrau auf sich hatte, erklärt er mit keinem Wort, weil die Mutter dies bereits weiß. Er fügt hinzu, Jeanne habe eine vollständige Rüstung getragen, aber ohne Helm, und eine Lanze in der Hand gehalten. Dass die Jungfrau bewaffnet war, ist ihm somit eine Erwähnung Wert, sein Tonfall zeigt allerdings, dass ihn dies nicht überrascht.

In Selles angekommen, besuchte der Adlige Laval die Bauerntochter Jeanne in ihrer Unterkunft, als sei dies ganz selbstverständlich. Daran zeigt sich erneut, dass Jeannes Status als Gottgesandte und ihre Taten die sonst geltenden sozialen Unterschiede aufhoben. Zudem hatte Jeanne der Mutter ihres Gastes ein Geschenk gemacht, „einen ziemlich kleinen Goldring", „nur eine Kleinigkeit", sie hätte gerne mehr geschickt. Auch sonst gingen

Laval und Jeanne gesellig miteinander um. „Sie ließ Wein kommen und sagte, dass sie mir bald welchen in Paris zu trinken geben werde. Es scheint eine ganz göttliche Sache mit ihren Taten sowie sie zu sehen und zu hören."

Der letzte, unvermittelt eingefügte Satz lässt deutlich Lavals große Hochachtung für Jeanne spüren. Worauf diese gründet, zeigt die Episode, von der er als nächstes berichtet. Am Abend wollte Jeanne heranmarschieren, den Truppen entgegen reiten und Laval war bei ihrem Aufbruch dabei.

„Ich sah sie auf das Pferd steigen, ganz in den blanken Harnisch gekleidet, ohne Helm, eine kleine Axt in der Hand, auf einem großen, schwarzen Reitpferd, das an der Tür ihrer Unterkunft sehr scheute und nicht zuließ, dass sie aufstieg. Da sagte sie: ‚Führt ihn zum Kreuz.' Dieses stand vor der nahen Kirche am Weg. Dort saß sie auf, ohne dass es sich bewegte, als ob es festgebunden wäre."

Wieder erwähnt Laval die Rüstung, obwohl sie in der Szene eigentlich keine Rolle spielt und obwohl seine Mutter weiß, dass Jeanne eine Rüstung trägt. Die Rüstung und auch die kleine Axt prägten Lavals Bild von Jeanne. Am meisten beeindruckt ihn freilich, dass Jeanne ein großes Pferd reitet, keine Angst hat, als es scheut, und es schließlich durch ein kleines Wunder beruhigen kann.

„Dann setzte sie ihren Weg fort, indem sie sagte: ‚Vorwärts, vorwärts!' Ihre eingerollte Standarte trug ein eleganter Page. In der Hand trug sie eine kleine Axt." Zum zweiten Mal erwähnt Laval hier die Axt und er nennt noch einen weiteren Gegenstand, der Jeanne aus seiner Sicht charakterisiert: die Standarte.

Lavals Brief zeigt deutlich, dass das Bauernmädchen Jeanne sich bei den Adligen am Hof als von Gott gesandte Jungfrau Respekt verschafft hatte und sie daher denselben gesellschaftlichen Umgang mit ihr pflegten, wie er auch unter Adligen üblich war.

Das galt auch für den Herzog von Orléans. Er erwies der Jungfrau, die den wichtigste Teil seines Besitzes gerettet hatte, seinen Dank, indem er ihr im Juni 1429 Kleidung anfertigen ließ: ein Wams aus feinem roten Brüsseler Tuch und einen dunkelgrünen Mantel. Rot und Grün waren die Livrée-Farben des Hauses Orléans, als solche kennzeichneten sie die Diener und Parteigänger des Herzogs. Der Stoff und die Arbeit der Schneider kosteten zusammen 13 Écu, was einem beträchtlichen Teil des Vermögens von Jeannes Eltern entsprochen haben dürfte.[134]

Auch Karl VII. ehrte Jeanne wie eine Adlige und verlieh ihr wohl am 2. Juni 1429 ein Wappen. Darauf waren auf blauem Grund zwei goldene Lilien abgebildet, dazwischen ein nach oben gerichtetes Schwert mit goldenem Griff und an der Spitze eine goldene Krone. Dies war eine besondere Auszeichnung, weil sowohl das Blau als auch die Lilien aus dem Königswappen stammten.

Die gesellschaftliche Stellung Jeannes zeigt sich auch darin, dass sie immer wieder Briefe an Stadträte schrieb, in denen sie ihnen Neuigkeiten mitteilte oder Bitten vorbrachte. Zumindest der Stadtrat von Reims wandte sich am 5. September 1429 seinerseits mit einer Bitte an Jeanne; sie sollte dafür sorgen, dass französische Truppen im Umland der Stadt keine Kontributionen einforderten.[135]

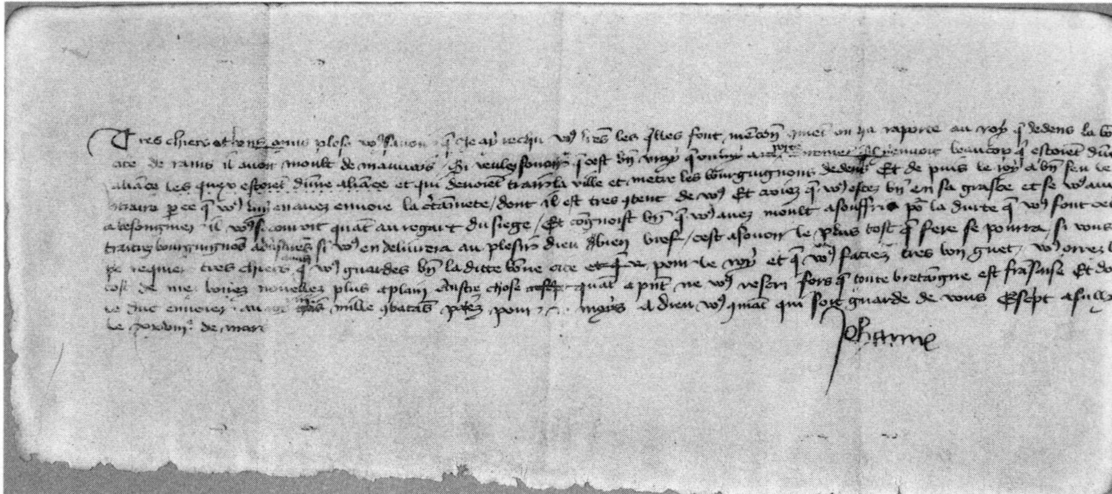

Abb. 7: Der Brief Jeannes an die Stadt Reims, geschrieben in Sully am 28. März 1430, trägt ihre eigenhändige Unterschrift. Sie unterscheidet sich deutlich von der Schrift des eigentlichen Textes, die von einem Sekretär stammt.

Wie eine Adlige verwendete Jeanne sich für Personen, die ihr zu Diensten gewesen waren. Im Januar 1430 bat sie den Stadtrat von Tours brieflich, dieser solle dem Maler Hauves Poulnoir, der einige Monate zuvor ihre Standarte bemalt hatte, 100 Écus als Mitgift für seine Tochter geben. Das war jedoch eine viel zu hohe Summe; daher lehnte der Rat das Gesuch mit dem geschickten Argument ab, die Stadt brauche ihr Geld für die Instandsetzung der Stadtmauer. Der Maler erhielt jedoch Getreide für das Brot bei der Hochzeitsfeier geschenkt, seine Tochter Wein in einer Menge, die 20 bis 25 Litern entsprach.[136]

Insgesamt fünf Mal wurde Jeanne gebeten, die Patenschaft für Kinder zu übernehmen, wie es bei hochgestellten Personen üblich war. Bezeichnenderweise beschränken sich diese Bitten auf die Zeit, in der ihr Ansehen am größten war, die Monate Juli bis September 1429.[137]

Wie weit das Ansehen Jeannes ging, zeigt sich vielleicht am deutlichsten an einer Handlung des hochgelehrten Juristen Jean Boucher. Als er am 18. April 1430 in Angers schwere Kopfschmerzen bekam, legte er gegenüber der heiligen Katharina ein Gelöbnis ab, das er am 5. Mai erfüllte: Er las in Sainte-Catherine-de-Fierbois eine Messe „für den König, die Gott würdige Jungfrau (puella), sowie das Wohlergehen und den Frieden dieses Königsreichs".[138] An Jeanne hing für Boucher also das Wohl Frankreichs, und er nannte sie in einem Atemzug mit dem König. Das Bauernmädchen aus Lothringen hatte es weit gebracht.

Der Ruhm der Jungfrau

Jeannes Ansehen beruhte nicht zuletzt darauf, dass der Hof gezielt Nachrichten verbreitete, die ihre Person und ihre Taten im günstigsten Licht zeigten. Ein sehr anschauliches Beispiel ist ein Brief vom 21. Juni 1429, der an den Herzog von Mailand gerichtet war. Als Absender nennt das Schreiben Perceval de Boulainvilliers, einen Rat und Kammerherrn Karls VII. Allerdings war er mit Sicherheit nicht der Verfasser des Briefs, denn wenn er überhaupt Latein konnte, dann sicher nicht so exzellent. Ein höchst versierter Autor nahm ihm offenbar die Konzeption und die Formulierung des Textes ab, der von vornherein für die Verbreitung außerhalb Frankreichs gedacht war. Der Adlige wurde als Absender des Briefes angegeben, um dem Schreiben die entsprechende Glaubwürdigkeit und Beachtung zu sichern, denn Boulainvilliers verfügte über gute Kontakte zum mailändischen Hof.

Der Brief berichtet von Jeanne und den Geschehnissen der vergangenen Monate. Dabei vermischt er zutreffende Fakten mit bewusst falschen Informationen und reinen Erfindungen. Der Autor behauptet etwa, Jeanne habe die Schafe ihrer Eltern geweidet, was nach ihrer eigenen Aussage nicht stimmte. Weiter sei niemals ein Schaf umgekommen, als Jeanne die Tiere hütete. Bewusst versucht er, Jeanne als Hirtin darzustellen, da Hirten die ersten gewesen waren, die Jesus verehrten. Zudem galten Hirten unter Jeannes Zeitgenossen als einfach und unschuldig. Die Beschreibung der zurückliegenden Ereignisse endet mit einer klaren Schlussfolgerung: „Das alles schreiben wir einem Wunder zu, das der Himmel gewirkt hat." Der Brief Boulainvilliers schließt mit einer stark idealisierenden Beschreibung von Jeannes Person: „Diese Jungfrau ist von angemessener Eleganz, zeigt eine männliche Haltung, sie spricht wenig, wundersame Weisheit zeigt sie mit ihren Worten. Sie hat eine grazile Frauenstimme, sie isst wenig, sie trinkt noch weniger Wein. Sie gefällt durch ihr Pferd und die Schönheit ihrer Rüstung. Soldaten und Adlige schätzt sie sehr. Der Umgang und das Gespräch mit vielen missfallen ihr. Sehr viele Tränen vergießt sie. Ihr Gesichtsausdruck ist heiter. Sie erträgt unerhörte Mühen, und beim Tragen und Ertragen der Waffen und Rüstung ist sie so stark, dass sie sechs Tage und Nächte unablässig und vollständig gerüstet blieb."

Ganz ähnlich geht der Autor und Dichter Alain Chartier in einem Brief vor, den er wohl Ende Juli 1429 an einen Fürsten, vermutlich den Herzog von Savoyen, schickte. Auch er berichtet in hervorragendem Latein über die Jungfrau, deren Namen er kein einziges Mal erwähnt, und über die Ereignisse der letzten Monate. Seine Ruhmesrede gipfelt in den folgenden Worten: „Was von allem, das ein Anführer im Krieg haben muss, sollte die Jungfrau nicht haben? Umsicht in Kriegsdingen? Sie hat dies in wunderbarer Weise. Tapferkeit? Sie hat einen erhabenen Geist, allen anderen überlegen. Geschicklichkeit? Sie besiegt die Überlegenen. Gerechtigkeit? Tugend? Glück? Auch hiervon ist sie mehr als andere geschmückt."[139]

Nachrichten über Jeanne wurden sogar in Venedig höchst interessiert zur Kenntnis genommen. Dies zeigt sich an Briefen, die verschiedene Venezianer an ihre Familien und Freunde in der Heimatstadt sandten und die

Antonio Morosini sammelte. Bereits Mitte Mai 1429 kannte ein Venezianer, der sich in Brügge aufhielt, Details über den Entsatz von Orléans und schon 14 Tage zuvor hatte er von eigenartigen Prophezeiungen erfahren: „Viele machen darüber die schönsten Scherze der Welt, vor allem über eine Jungfrau, die Schafhirtin ist und in der Gegend von Lothringen geboren wurde.“[140]

Jeanne nötigte dem Briefschreiber aber auch Respekt ab: „Ich habe euch alles erzählt, aber nichts ist so klar wie ihr unbestrittener Sieg in der Diskussion mit den Doktoren der Theologie, so dass es scheint, sie sei eine zweite heilige Katharina, die auf die Erde gekommen sei, denn vielen Rittern, die sie jeden Tag so viele wunderhafte Neuigkeiten sagen hörten, scheint es, dass es ein großes Wunder sei.“

Ende Juni 1429 schrieb dann ein Venezianer aus Avignon von wilden Gerüchten. Jeanne und der Dauphin sollten am 23. Juni Rouen und am 24. Juni Paris erobert haben, und Jeanne beabsichtige, Karl VII. in Rom zum König krönen zu lassen. Am 9. Juli 1429 konnte ein Briefschreiber aus Brügge seinen Landsleuten viele Details über Jeanne mitteilen, die den Angaben von Boulainvilliers auffallend ähneln.[141] Aber Morosini bekam auch skeptische Worte zu lesen: „Alle stimmen darin überein, dass diese Jungfrau Wunder wirkt, seit sie beim Dauphin ist. Was mich angeht, so ist, wie ich gesagt habe, die Macht Gottes groß. Ich weiß nicht, ob ich glauben soll, was man mir hier sagt. Es gibt andere, die das Gegenteil glauben. Jeder ist frei, nach seinem Belieben zu glauben, denn weder das eine noch das andere führt zur Verdammnis. Aber es ist doch so viel daran, dass die Lage des Dauphins von Tag zu Tag besser wird, so dass es fast möglich ist, diese Neuigkeiten zu glauben, angesichts des Zustands, zu dem ihn die Engländer, wie man sieht, gebracht hatten, denn er konnte gar nichts mehr tun."[142]

Immer wieder erreichten Venedig auch Gerüchte, die frei erfunden waren. So schrieb jemand, Jeanne habe Auxerre eingenommen und dort alle Geistlichen gefangen nehmen lassen; alle Männer und Frauen seien in Stücke gehauen worden. Anfang August hieß es, Paris sei in die Hände Karls VII. gefallen, der Herzogs von Bedford sei in einer Schlacht umgekommen.[143] Diese Gerüchte lassen erahnen, wie viel Gerede es über Jeanne gegeben haben muss, das nie schriftlich festgehalten wurde.

Auch im feindlichen Lager erregte Jeanne viel Aufmerksamkeit. Unter anderem war bereits am 10. Mai 1429 in Paris bekannt, dass die Bastille des Tourelles von den Franzosen erobert worden war und dass das englische Heer die Belagerung von Orléans aufgehoben hatte. Clément de Fauquembergue, ein Jurist am Pariser Parlament, dem am höchsten Gerichtshof Lancaster-Frankreichs, hielt die Neuigkeit in seinen Aufzeichnungen fest. Dabei erwähnte er auch Jeanne. Am Ende seiner Notiz schrieb Fauquembergue über die Feinde, dass sie „eine einzige Jungfrau bei sich hatten, die ein Banner trug, wie man sagte."[144]

Die Erklärung klingt recht nüchtern, aber Jeannes Auftreten muss den Autor wohl sehr beeindruckt haben, denn er zeichnete neben den Text ein Bild von Jeanne, wie er sie sich vorstellte: eine Frau mit schulterlangen Haaren, deren linke Hand auf dem Griff eines zu groß geratenen Schwertes ruht, während sie mit der rechten Hand eine Standarte hält. Auf das Fahnentuch schrieb

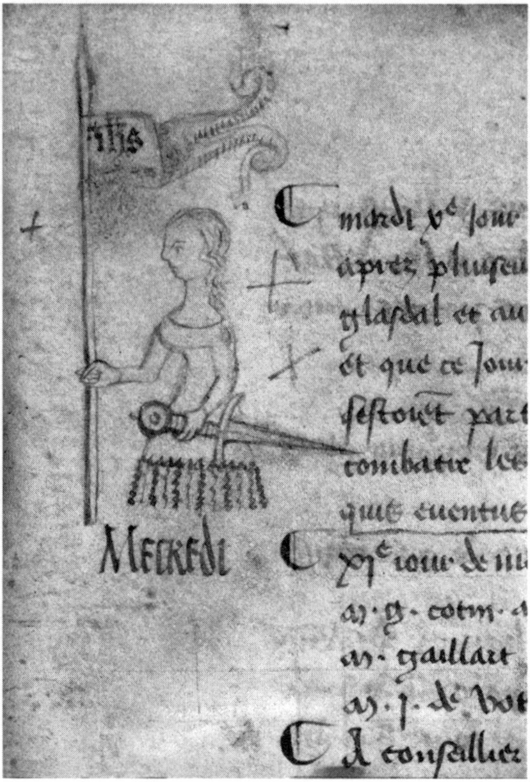

Abb. 8: Jeanne, wie sie sich der Pariser Jurist Clément de Fauquembergue vorstellte. Wesentliches Charakteristikum der Frauengestalt, die er zeichnete, ist die Standarte.

Fauquembergue die Buchstaben „ihs", die Abkürzung für „Jhesus". Offenbar hatte er mehr über die Fahne gehört, als er aufschrieb, denn auch nach den Angaben anderer Zeitgenossen stand das Wort „Jesus" auf der Fahne, allerdings auch „Maria".

Ein anderer Pariser, der unbekannte Autor von tagebuchähnlichen Aufzeichnungen, schrieb zunächst recht sachlich über Jeanne und nannte sie wie ihre Anhänger „Jungfrau". Schon wenige Wochen später aber, als sie Paris angriff, war sie für ihn „eine Kreatur in Gestalt einer Frau".[145] Die Neugier war offenbar dem Hass gewichen.

Sehr interessant ist auch die Reaktion der englischen Chronisten auf Jeannes Auftreten. Es findet sich keine einzige englische Chronik, die vor dem Rehabilitierungsprozess von 1456 entstand, in der Jeanne erwähnt wurde. Die englischen Amtsträger in Frankreich hüteten sich offensichtlich, Informationen über die Jungfrau nach England zu übermitteln. Zwar drangen Gerüchte auf die Insel, aber die Chronisten wussten Jeanne und die englischen Niederlagen wohl nicht recht zu erklären. Also schwiegen sie.

Für die Zeitgenossen muss es angesichts der vielen Informationen, die sie über Jeanne in Erfahrung bringen konnten, schwer gewesen sein, zuverlässige Nachrichten von reinen Erfindungen zu unterscheiden. Das gilt umso mehr, als nicht nur einzelne Fakten zu beurteilen waren, sondern viele widersprüchliche Bilder von der Jungfrau verbreitet wurden. Jeanne war sich sicher, wer sie war und was sie wollte. Aber sie hatte kaum Einfluss darauf, was ihre Zeitgenossen von ihr wussten und dachten.

Jeanne begleitete den König und seinen Hofstaat im September 1429 nach Bourges und verweilte dort noch einige Zeit. Sie wohnte bei René de Bouligny, einem königlichen Rat, und seiner Ehefrau Marguerite la Touroulde, die einen Posten am Hof der Königin innehatte. Aus Marguerites späterer Aussage im Prozess von 1456 erfährt man einige Details über Jeannes Alltag. Die Zeugin erwähnte zum Beispiel, dass sie und Jeanne fast täglich in demselben Bett schliefen. Das war üblich, weil es im Allgemeinen kein separates Gästezimmer gab. Auch zeigt sich hierin Jeannes Rang, denn sie teilte das Bett mit der Hausherrin und nicht etwa mit der Magd. Jeanne legte ohnehin Wert darauf, stets mit einer Frau in ihrem Zimmer zu schlafen. Auf Bitten Jeannes begleitete Marguerite sie mehrfach zur Frühmesse. Auch erzählte Marguerite von abergläubischen Praktiken, um die man Jeanne gebeten habe. So seien mehrere Frauen mit der Bitte zu ihr gekommen, sie solle ihre Rosenkränze berühren. Die Jungfrau aber habe geantwortet: „Berührt sie selbst, denn aufgrund eurer Berührung werden sie genauso gut sein wie aufgrund meiner.“[146]

Nach drei Wochen fand Jeannes Drang zu Betätigung, ein Ventil. Man plante einen Angriff auf die Stadt La Charité, die nur 50 Kilometer von Bourges entfernt lag und von einem Philipp dem Guten freundlich gesonnenen Adligen gehalten wurde. Jenseits der Stadt befand sich das Herzogtum Burgund. Vielleicht befürchtete man, dass La Charité zum Ausgangspunkt für ein burgundisches Vorgehen gegen Bourges dienen könnte.

Welches Ziel das Unternehmen auch immer verfolgt haben mag, es wurde nicht erreicht, weil es weder genug Geld noch genug Kriegsgerät und Munition gab. Jeanne und der Oberbefehlshaber Charles d'Albret schrieben Anfang November 1429 Briefe an königstreue Städte in der Umgebung, in denen sie um Schwarzpulver, Kanonenkugeln und Armbrüste baten.[147] Um dieselbe Zeit erzielte das Unternehmen seinen einzigen Erfolg, die Eroberung der kleinen Stadt Saint-Pierre-le-Moûtier. Die Truppen plünderten die Stadt. Jeanne konnte immerhin verhindern, dass sie die Kirche ausraubten.[148]

Zum ersten Mal war Jeanne nicht deswegen an einer Kriegshandlung beteiligt, weil ihre Stimmen es ihr befohlen, sondern weil der König und einige Hauptleute sie darum gebeten hatten.[149] Im Spätherbst 1429 wie auch im Frühjahr 1430 fehlten ihren Unternehmungen das große Ziel und der spektakuläre Erfolg. Daher schenkten ihr die Chronisten weniger Beachtung. Außerdem spielten die Zusammenhänge, um die es nun ging, im Verurteilungsprozess keine große Rolle, sodass dessen Akten kaum Aufschlüsse über diese Zeit bieten. Im Rehabilitierungsprozess wurden die Zeugen zwar nach Jeannes Taten bei ihren militärischen Erfolgen von Ende April bis Anfang September 1429 gefragt, aber nicht nach jenen bei ihren Misserfolgen von November 1429 bis Mai 1430. Daher liefern auch die Akten des zweiten Prozesses darüber keine Informationen.

Nach dem militärischen Fehlschlag bei La Charité kehrte Jeanne an den Hof zurück, wo sie den Winter verbrachte. In dieser Zeit, wohl im Dezember 1429, gewährte ihr der König einen besonderen Gunsterweis. Jeanne, ihre Eltern und ihre drei Brüder wurden in den

Adelsstand erhoben. Ihre Schwester war zu diesem Zeitpunkt offenbar bereits verstorben. Der Akt war kostenlos, was eine zusätzliche Anerkennung darstellte. Allerdings erhielt die Familie keine geeignete Herrschaft geschenkt, sodass sie über keine materielle Grundlage für ein standesgemäßes Leben verfügte.[150] Warum diese Ehrung gerade jetzt, nach einem Fehlschlag, erfolgte, ist nicht zu ermitteln.

Jeanne hielt sich im März in Sully auf, einer Besitzung des einflussreichen La Trémouille. Auf den 3. März 1430 wurde ein Brief datiert, den wohl ihr Beichtvater Jean Pasquerel auf Lateinisch in ihrem Namen abgefasst hatte. Er war an die Hussiten adressiert, Anhänger einer religiösen Bewegung, die als Ketzer galten und große Teile Böhmens unter ihre Kontrolle gebracht hatte. Jeanne mahnte, dass die Hussiten zum rechten Glauben zurückkehren sollten; andernfalls werde sie persönlich gegen sie vorgehen.[151] Das Schreiben stand offensichtlich im Zusammenhang mit Bündnisverhandlungen Karls VII. mit Erzherzog Albrecht V. von Österreich, der gegen die Hussiten Krieg führte. Jeannes Ruhm wurde nun also offen für diplomatische und politische Zwecke eingesetzt.

Im Winter 1429/30 schwanden alle Hoffnungen, dass Karl VII. in absehbarer Zeit ein Friedensabkommen mit Philipp dem Guten schließen könne. Vielmehr würde er gegen seinen Cousin Krieg führen müssen, sobald der mittlerweile zweimal verlängerte Waffenstillstand zum Osterfest auslief. Denn der König hatte dem Herzog in Aussicht gestellt, ihm den Besitz aller Länder anzuerkennen, die er schon in der Hand hatte. Bedford hatte mehr geboten. Schon im Herbst 1429 war Philipp dem Guten die Regentschaft in Teilen der Champagne und der Ile-de-France überlassen worden. Wohl im März 1430 wurde er dann mit der Champagne belehnt. Die Grafschaft war für ihn sehr wichtig, weil sie ein Bindeglied zwischen seinen niederländischen Besitzungen und dem Herzogtum Burgund darstellte.

Freilich musste Philipp die Champagne erst von den Truppen Karls VII. zurückerobern. Genau das plante er für das Sommerhalbjahr 1430. Außerdem landete Ende April 1430 König Heinrich VI. von England mit 2000 Mann in Frankreich. Engländer wie Burgunder hatten nach den Misserfolgen militärisch wieder Fuß fassen können, wodurch sich eine ganz andere strategische Lage ergab als nach den Siegen von Orléans und Patay. An einen Eroberungszug der Franzosen war nicht mehr zu denken, stattdessen musste sich Karl VII. zur Verteidigung des Erreichten wappnen.

In dieser Lage konnte eine von Gott gesandte Jungfrau keine Prophezeiungen über neue Siege verkünden oder die schon angekündigten Vorhersagen – die Eroberung von Paris und die endgültige Vertreibung der Engländer – zur Tatsache werden lassen. Rein äußerlich ähnelte Jeannes Verhalten in diesen Monaten dem eines Hauptmanns. Sie bekam einen Marschbefehl, zog mit ihrer Truppe los und versuchte die Engländer und ihre Verbündeten zu bekämpfen. Den Winter verbrachte sie in einem Quartier im Hinterland. Als der nächste Frühling kam, zog sie wieder ins Feld.

Anfang April brach Jeanne von der Loire-Gegend nach Norden auf, wahrscheinlich nach Lagny-sur-Marne; die Stadt war ein königlicher Vorposten, 30 Kilometer von Paris entfernt gelegen. Wohl Mitte April gewann sie ein Gefecht gegen einen Hauptmann namens

Franquet d'Arras. Das Ereignis war an sich wenig bedeutend, fand aber Beachtung, weil Franquet im Kampf gefangen genommen und nach einem Gerichtsprozess wegen seiner Verbrechen hingerichtet wurde. Jeannes Gegner, insbesondere der burgundischen Hofchronist Monstrelet, lasteten ihr das Schicksal Franquets an.[152]

In der Osterwoche, also in den Tagen vom 17. bis zum 22. April des Jahres 1430, hielt sich Jeanne in Melun auf. Sie kam den Bürgern zu Hilfe, die sich gegen ihre burgundische Besatzung erhoben hatten. Wie Jeanne ein Jahr später in Rouen aussagte, seien ihr dort die Heiligen Katharina und Margarete erschienen und hätten ihr mitgeteilt, sie werde noch vor dem Johannistag, dem 24. Juni, in Gefangenschaft geraten. Jeanne habe die Stimmen darum gebeten, dass sie nach der Gefangennahme sofort sterben dürfe. Seit dieser Offenbarung habe sie alles den Hauptleuten überlassen.[153]

Mittlerweile hatte die burgundische Offensive begonnen. Sie bedrohte die Stadt Compiègne, in der eine Garnison Karls VII. lag. Am 8. Mai 1430 begannen die Burgunder, den Ort Choisy-le-Bac zu beschießen, der nur vier Kilometer von Compiègne entfernt lag. Sie wollten sich durch die Einnahme des Ortes den Weg nach Compiègne freikämpfen.

Jeanne befand sich spätestens ab dem 14. Mai in Compiègne. Wenig später führte sie zwei erfolglose Vorstöße nach Nordwesten und nach Osten, gegen Pont l'Évêque und Soissons an, die einige Tage dauerten. Am frühen Morgen des 23. Mai 1430 zog sie mit ihrer Abteilung wieder in Compiègne ein. Die Gegner hatten von der Annäherung der Truppe offenbar nichts gemerkt und rührten sich nicht.[154]

Da Jeanne und ihre Leute nachts marschiert waren, dürften sie sich tagsüber ausgeruht haben. Gegen Abend entschied sich die Jungfrau, noch einen Ausfall zu unternehmen. Vielleicht hoffte sie, dass wegen der späten Tageszeit die Feinde nicht mehr mit einem Angriff der Belagerten rechneten.

Ihr Ziel war ein befestigtes Lager, in dem sich burgundische Truppen unter dem Kommando von Baudouin de Noyelles befanden. Offenbar wollte Jeanne dieses Lager zerstören und damit die Belagerer in ihrem Bemühen zurückwerfen, die Stadt einzuschließen. Für dieses Vorhaben verfügte sie über 400–500 Mann, von denen ein Teil beritten war. Mit ihnen zog sie durch das Stadttor, über die Oise-Brücke und durch das Bollwerk, das den Feinden auf dem anderen Ufer den Zugang zur Brücke sperrte. Dann begann der Angriff. Zweimal drängte Jeanne nach ihren eigenen Angaben die Feinde bis zum Lager zurück, beim dritten Mal die halbe Strecke des Weges. Damit hatte sie einen schweren Fehler begangen. Mit ihrer kleinen Truppe konnte sie allenfalls auf einen Überraschungserfolg hoffen. Da dieser aber nicht gelang, hätte sie sich sofort zurückziehen müssen, denn selbstverständlich sahen oder hörten andere feindliche Truppen den Kampf. Tatsächlich eilte sehr bald Verstärkung für die angegriffenen Burgunder herbei.

Jeannes Verhalten in der nun folgenden Episode nötigte selbst dem burgundischen Chronisten Monstrelet Respekt ab: „Schließlich, nachdem dieses Scharmützel ziemlich lange gedauert hatte, sahen die Franzosen, wie ihre Gegner immer mehr wurden, und zogen sich zur Stadt zurück. Die Jungfrau war immer bei der Nachhut und unternahm große Anstrengungen, ihre Leute beisammen zu halten und ohne Verluste zurückzubringen." Jeanne befand sich dann nahe dem Graben des Bollwerks, als geschah, was sie vorhergesagt hatte. „So wurde schließlich … die Jungfrau von einem Bogenschützen vom Pferd gezogen. Nahe dabei war der Bastard von Wandonne, dem sie sich ergab und ihr Ehrenwort gab."[155]

Jeanne handelte also offenbar gemäß den Konventionen adliger Kriegführung und sicherte dem Bastard zu, sie werde nicht fliehen. Der Bastard brachte sie in das nahe gelegene Dorf Margny. Herzog Philipp wollte seinen Truppen mit weiterer Verstärkung zur Hilfe kommen, erreichte aber den Ort des Kampfes erst nach dessen Ende. Er feierte zunächst den unvermuteten Erfolg mit den anderen Hauptleuten, dann ging er zu Jeanne und sprach mit ihr. Monstrelet erklärt, er sei zwar dabei gewesen, aber er könne sich nicht mehr erinnern, was bei dieser Begegnung gesagt worden war. Diese unglaubwürdige Ausflucht weist darauf hin, dass der Chronist das Gespräch nicht wiedergeben wollte. Jeannes Worte zu Philipp waren einem Burgund freundlich gesinnten Leser wohl nicht zuzumuten.

Herzog Philipp behandelte Jeannes Gefangennahme wie einen großen Schlachtensieg und beeilte sich, seine Untertanen davon durch einen Brief zu unterrichten. Die Formulierungen belegen mit Nachdruck, wie groß die Probleme waren, welche die Gefangene dem Burgunder bereitet hatte, und wie groß nun sein Triumph war: „Durch den Willen unseres gesegneten Schöpfers ist die Sache so gekommen und er hat uns die Gnade erwiesen, dass jene, welche die Jungfrau genannt wird, gefangen wurde."[156]

Nachdem der Herzog erwähnt hatte, welche weiteren hochrangigen Gegner gefangen genommen oder getötet worden waren, fährt er fort: „Von dieser Gefangennahme wird es, wie wir glauben, überall große Neuigkeiten geben, und der Irrtum und Irrglaube aller jener wird erkannt werden, die sich gegenüber den Taten dieser Frau erfreut und begünstigend gezeigt haben."

Philipp hoffe, so heißt es weiter, „dass ihr daraus Freude, Ermutigung und Bestärkung erfahrt und dass ihr dafür unseren Schöpfer, der alles sieht und weiß, dankt und lobt."

Auch Philipps Hofchronist Monstrelet legte größten Wert darauf, die Wichtigkeit des Ereignisses seinen Lesern vor Augen zu führen: „Die Franzosen zogen in Compiègne ein, traurig und verärgert über ihre Verluste. Vor allem waren sie ganz entsetzt über die Gefangennahme der Jungfrau. Im Gegensatz dazu waren diejenigen von der burgundischen Partei und die Engländer darüber höchst erfreut, mehr als wenn sie 500 Soldaten gefangen hätten. Denn sie fürchteten keinen Hauptmann und keinen anderen Anführer im Krieg so sehr, wie sie immer, bis zu diesem Tag, die Jungfrau gefürchtet hatten."[157]

Auch Jean de Luxembourg bemühte sich darum, die Gefangennahme Jeannes bekanntzumachen. Er schrieb offenbar umgehend an seinen Bruder Louis, den Bischof von Thérouanne, der als Kanzler Heinrichs VI. in Paris weilte. Dort kam der Brief schon am übernächsten Tag an und die Neuigkeit verbreitete sich wie ein Lauffeuer.[158]

Der Adlige hatte besonderen Grund sich zu freuen. Denn Jeanne war einem seiner Leute in die Hände gefallen. Wie es üblich war, überließ dieser seinem Herrn – sicherlich gegen eine hohe Abfindung – die berühmte und berüchtigte Gefangene. Jean de Luxembourg hatte sicher noch keine genaue Vorstellung von dem, was demnächst passieren würde. Aber er wusste, dass er an seiner Gefangenen viel Geld verdienen konnte.

Kapitel 5

Der Ketzerprozess

Der Weg zum Prozess

Jeannes Feinde wussten nach ihrer Gefangennahme sofort, was zu tun war. Sie hatten immer behauptet, Jeanne sei eine Ketzerin, und als solche gehörte sie vor ein Inquisitionsgericht. Schon drei Tage nach ihrer Gefangennahme, am 26. Mai 1430, schrieb der Stellvertreter des Inquisitors von Frankreich einen Brief an Philipp den Guten von Burgund und forderte ihn auf, ihm Jeanne auszuliefern.[159] Nach Kirchenrecht war der Inquisitor für einen Ketzerprozess zuständig.

Doch auch der Bischof, in dessen Diözese ein Ketzer ergriffen wurde, war verpflichtet, einen Prozess einzuleiten. Dies betraf den Bischof von Beauvais, Pierre Cauchon. Dieser tat nicht nur widerstrebend seine Pflicht, sondern versuchte energisch, den Prozess an sich zu ziehen. Da er über beste Verbindungen zu Heinrich VI. verfügte, hatte er sein Vorgehen mit Sicherheit mit dem König abgestimmt.

Am 14. Juli 1430 suchte Cauchon Philipp den Guten in seinem Feldlager vor Compiègne auf.[160] Er verlangte, Jeanne an König Heinrich VI. von England und Frankreich zu übergeben. Dieser werde sie seinerseits der Kirche überantworten, damit ihr der Prozess gemacht werde. Obwohl Jeanne als Ketzerin nicht wie eine Kriegsgefangene behandelt werden könne, sei der König bereit, jenen

Männern, die sie gefangen genommen hätten, für die Auslieferung 6000 Francs zu bezahlen. Zusätzlich werde er dem Bastard von Wandonne eine jährliche Rente von 200 oder 300 Francs zusichern. Sollte dieses Angebot nicht reichen, werde der König auf ein altes Recht zurückgreifen, dem zufolge ihm jeder Kriegsgefangene gegen Zahlung von 10.000 Francs zu übergeben sei.

Cauchon selbst forderte, dass Jeanne ihm als Richter übergeben werde. Für den Prozess werde er den Inquisitor und weitere gelehrte und ehrenwerte Männer heranziehen. Die Universität Paris unterstützte sein Anliegen durch Briefe an den Burgunder sowie an Jean de Luxembourg und den Bastard de Wandonne.

Jean de Luxembourg war wohl aus politischen Gründen dazu gezwungen, der Forderung Heinrichs VI. zu entsprechen. Es gelang ihm nicht einmal, eine höhere Summe für Jeannes Übergabe auszuhandeln. Nun mussten die Engländer nur noch das Geld aufbringen.

Bald nachdem Jeanne in Gefangenschaft geraten war, wurde sie von Compiègne nach Beaulieu-les-Fontaines gebracht, dessen Hauptmann der Bastard von Wandonne war. Dort befand sich Jean d'Aulon bei ihr, jener Ritter, den Karl VII. mit ihrem Schutz beauftragt hatte.[161] Eines Tages unternahm Jeanne einen Fluchtversuch, doch der Türhüter entdeckte sie und verhinderte ihr Entkommen.[162]

Am 10. Juli 1430 wurde Jeanne nach Burg Beaurevoir verlegt, die Jean de Luxembourg gehörte. Dort hielten sich auch seine Ehefrau und seine Tante auf, die beide ebenfalls Jeanne hießen. Vielleicht wollten sie der Gefangenen helfen, einen wichtigen Anklagepunkt zu vermeiden; vielleicht fanden sie es einfach ungehörig, dass

Jeanne Männerkleider trug. Jedenfalls boten sie ihr Frauenkleider oder Stoffe an, aus dem Kleider für sie hätten genäht werden können. Jeanne lehnte ihre Hilfe jedoch ab, weil sie dazu die Erlaubnis Gottes nicht habe und es noch nicht an der Zeit sei.[163]

Ein anderer Bewohner von Beaurevoir ging mit ihr weitaus weniger rücksichtsvoll um. Der Adlige Raymond de Macy sagte 1456 ungeniert über sein Fehlverhalten aus:

„Der Zeuge versuchte mehrfach, mit ihr zu spielen, indem er ihre Brustwarzen berührte und versuchte, seine Hände auf ihren Busen zu legen. Doch das wollte Jeanne nicht, ja sie stieß den Zeugen zurück, so gut sie konnte. Die genannte Jeanne war von ehrbarem Umgang, in Worten wie in Taten."[164]

Offenbar schämte sich Macy auch noch 25 Jahre nach seiner Tat nicht dafür, dass er ein eingesperrtes Bauernmädchen so bedrängt hatte. Obendrein fasste er Jeannes Gegenwehr nicht als ein Zeichen von Widerwillen, sondern von höchster Tugend auf.

In Beaurevoir erfuhr Jeanne wohl in der zweiten Oktoberhälfte, dass Jean de Luxembourg sie an die Engländer verkauft hatte. Dies war der Hauptgrund dafür, dass sie voller Verzweiflung vom Burgturm sprang. Ob sie Selbstmord begehen oder einen waghalsigen Fluchtversuch unternehmen wollte, lässt sich nicht eindeutig entscheiden.[165] Sie erlitt offenbar eine Gehirnerschütterung, wurde aber sonst nur leicht verletzt.

Wohl Ende Oktober wurde Jeanne nach Arras gebracht. Vielleicht erschien Beaurevoir ihren Gegnern nicht mehr sicher, nachdem französische Truppen eine Reihe von Erfolgen hatten erringen können. In dieser

Zeit müssen die Engländer das Geld für ihre Auslösung an Jean de Luxembourg übergeben haben. Denn Mitte November 1430 wurde Jeanne an sie ausgeliefert, wahrscheinlich in Le Crotoy, einem damals bedeutenden Hafen an der Somme-Mündung. Dort blieb Jeanne für einen Monat.

Am 21. November 1430 forderte die Universität Paris den englischen König auf, den Prozess gegen Jeanne so schnell wie möglich durchführen zu lassen und diese Aufgabe dem Bischof von Beauvais und dem Großinquisitor zu übertragen. Außerdem solle der Prozess in Paris stattfinden, weil es dort viele Gelehrte gebe, die für eine solche Aufgabe geeignet seien.[166] Die Universität drängte also darauf, an Jeannes Prozess Anteil zu haben. Tatsächlich beeilte sich Cauchon, das Verfahren einzuleiten. Jedoch sollte der Prozess nicht in Paris stattfinden, sondern im weitaus sichereren Rouen, der Hauptstadt der Normandie.

Jeanne wurde am 23. Dezember nach Rouen gebracht. Die Engländer sperrten sie in einem Turm der Zitadelle ein, die Bouvreuil genannt wurde. Das verstieß gegen das kirchliche Recht, demzufolge angeklagte Ketzer sich im Gewahrsam der Kirche befinden mussten.

Zumindest nachts, vielleicht auch tagsüber, war Jeanne mit Fußeisen gefesselt, die mittels einer Kette mit einem großen Holzblock verbunden waren. Da Zelle und Ketten den Engländern jedoch nicht reichten, waren zu Jeannes Bewachung vier oder fünf Männer abgestellt. Angeblich wurden drei von ihnen sogar über Nacht mit ihr eingeschlossen. Gerüchte berichteten bald von einem Käfig, in den Jeanne gesteckt worden sei. Niemand aber konnte sagen, er habe sie darin gesehen.[167]

Am 3. Januar 1431 erklärte sich Heinrich VI. bereit, die Gefangene dem Bischof von Beauvais als zuständigem Richter zu übergeben – und zwar, wie es in der königlichen Urkunde hieß, wann auch immer und sooft er es verlangte. Das bedeutete, dass Jeanne zwar in englischer Haft bleiben würde, aber dem Bischof für die einzelnen Sitzungen des Prozesses zur Verfügung gestellt werden sollte. Die Engländer waren nicht bereit, Jeanne aus ihrer Hand zu geben. Überdeutlich brachte dies der letzte Satz der Urkunde zum Ausdruck: „Allerdings ist es Unsere Absicht, die genannte Jeanne zu Uns zurückzunehmen, wenn es sich ergeben sollte, dass sie wegen der obengenannten Verbrechen oder einiger von ihnen oder anderer, die Unseren Glauben berühren, nicht verurteilt würde."[168]

Auch wenn das Gericht Jeanne von der Anklage frei sprechen sollte, würde man sie demnach nicht freilassen. An dieser Maßgabe wird deutlich, dass die Engländer nicht einen fairen Prozess, sondern einen Schuldspruch wollten.

Hilfe von Karl VII. konnte Jeanne nicht erwarten. Es war zwar üblich, dass Kriegsgefangene gegen Lösegeld freigelassen wurden, aber der französische König litt unter großem Geldmangel. Außerdem wäre es heikel gewesen, wenn sich Karl für eine Frau eingesetzt hätte, die der Häresie angeklagt war. Vor allem aber konnten die Engländer Jeanne nicht freigeben. Sie hatten immer behauptet, dass Jeanne eine Ketzerin sei. Jetzt mussten sie ihre Gefangene auch wie eine Ketzerin behandeln.

Das Gericht und die Richter

Ein Inquisitionsverfahren folgte klaren kirchenrechtlichen Regelungen, die allerdings sehr umfangreich und kompliziert waren. Wer das Kirchenrecht nicht an einer Universität studiert hatte, konnte den Ablauf eines Prozesses nicht durchschauen. Jeanne war ihren Richtern in dieser Hinsicht also von vornherein weit unterlegen.

Das Gericht bot ihr zwar am 27. März 1431 vor der Verlesung der Anklageschrift an, sich einen Rechtsbeistand auszuwählen, aber nur unter den Beisitzern, die Cauchon selbst ernannt hatte. Falls sie es sich nicht zutraue, eine solche Wahl selbst zu treffen, könne auch das Gericht einen Rechtsbeistand für sie benennen. Die Angeklagte lehnte beides ab, da sie sich nicht vom Rat Gottes trennen wolle.

Das Angebot des Gerichts hatte nicht zuletzt rechtliche Gründe. Den Angeklagten in Glaubensprozessen wurde meist ein Rechtsbeistand zugestanden. Wenn Jeanne keinen Rechtsbeistand hatte und man ihr keinen anbot, hätte das als Verfahrensfehler interpretiert werden können. Das aber wollte Cauchon vermeiden. Der politisch heikle Prozess sollte formalrechtlich einwandfrei sein.

Der Begriff der Ketzerei oder Häresie war weit gefasst. Als Ketzer galten zunächst alle Personen, welche die Richtigkeit des katholischen Glaubens oder einzelner Glaubensartikel bestritten. Darüber hinaus wurden noch andere Personen als Ketzer betrachtet. Für Jeannes Fall war beispielsweise wichtig, dass Personen, die Umgang mit Dämonen oder dem Teufel suchten, als Ketzer galten. Dies betraf insbesondere Wahrsager, wenn diese, um ihre Prophezeiungen zu empfangen, den Teufel anriefen oder magische Rituale ausführten. Als häretisch betrachtete man ferner Schismatiker, das heißt, Menschen, die zwar ihren Glauben nicht aufgaben, aber die rechtmäßigen Amtsträger der Kirche nicht anerkannten.

Cauchon hatte als Bischof von Beauvais bereits erfolgreich die Befugnis beansprucht, den Prozess zu leiten. Nun versuchte er, auch den Inquisitor von Frankreich einzubinden. Da dieser nicht abkömmlich war, beschloss das Gericht am 19. Februar 1431, seinen Stellvertreter für Rouen und Umgebung, Jean Le Maître, zur Teilnahme als Richter aufzufordern. Ab der vierten Sitzung des Gerichts, die am 3. März 1431 stattfand, wohnte Le Maître auch tatsächlich den Verhandlungen als Richter bei.

Ein Verfahren wegen Ketzerei konnte aufgrund einer Denunziation eingeleitet werden, also wenn glaubwürdige Personen plausibel machten, dass jemand im Ruf der Ketzerei stehe. Cauchon wählte jedoch einen anderen, ebenfalls zulässigen Weg, indem er am 9. Januar 1431, dem Tag der Prozesseröffnung, einen so genannten Promotor ernannte, dem während des Verfahrens die Beweisführung gegen die Angeklagte oblag;[169] seine Aufgabe entsprach also ungefähr derjenigen eines Staatsanwalts in einem heutigen Strafprozess. Es handelte sich um Jean d'Estivet, Kanoniker von Bayeux und Beauvais.

Außer den Richtern und dem Promotor gehörten zu einem Glaubensprozess auch Notare, die den Ablauf des Verfahrens beurkunden sollten, und wenigstens zwei Beisitzer. Bei ihnen handelte es sich um sachkundige, neutrale Personen, deren Meinung vor dem Erlass des Urteils einzuholen war. Ihre Zahl konnte jedoch bedeutend höher liegen. Im Prozess von Rouen waren an manchen Sitzungen bis zu 63 Beisitzer anwesend.

Das Gericht war also im Prozess gegen Jeanne ordnungsgemäß zusammengesetzt. Die Personen jedoch, welche die einzelnen Ämter einnahmen, waren meist nicht unvoreingenommen. Typisch für sie ist das einflussreichste Mitglied des Gerichts, Pierre Cauchon.

Cauchon entstammte einer wohlhabenden und angesehenen Familie aus Reims.[170] Dank seiner Herkunft konnte er an der Universität Paris, dem intellektuellen Zentrum Frankreichs, studieren und im Anschluss dank seiner Begabung und seines Ehrgeizes eine höchst beachtliche akademische Karriere machen. Wohl 1396 wurde er zum Lizentiaten des Kirchenrechts promoviert und besaß damit nun das Recht, dieses Fach an jeder Universität des Abendlandes zu lehren. In den Jahren 1397 und 1403 amtierte er als Rektor der Universität Paris. Wohl um 1405 erwarb er auch noch den Doktorgrad in Theologie. Zu seinem akademischen Erfolg trat der finanzielle, weil ihm mehrere gewinnbringende Pfründen übertragen wurden.

Doch Cauchon strebte nach mehr Macht, Ansehen und Geld. So schloss er sich 1409 dem Herzog von Burgund an, der ihm bald weitere lukrative Pfründen verschaffte. Als Gegenleistung war Cauchon willens, sich zu exponieren. 1412 gehörte er als einziges Mitglied der Universität jener Kommission an, die über Maßnahmen gegen die Armagnacs wachen sollte. Als sich 1414 die politische Lage änderte, verbannten ihn die Gegner des Burgunders aus Paris. Damit verlor er den unmittelbaren Kontakt zur Universität, die ihm in den letzten 30 Jahren seines Lebens Heimat gewesen war.

Im Jahr 1420 wirkte er an der Ausarbeitung des Vertrags von Troyes mit. Danach tendierte er zu den Lancasters. Noch im selben Jahr ernannte ihn der Papst auf Bitten Heinrichs V. zum Bischof von Beauvais. Später wurde Cauchon Rat des neuen Königs von England, Heinrich VI.

Nach dem Prozess gegen Jeanne nahm Cauchon seine vorherigen Tätigkeiten wieder auf. Er blieb eine wichtige Figur in der Regierung Lancaster-Frankreichs. Insbesondere nahm er 1435 am Kongress von Arras teil, auf dem ein Friedensschluss zwischen Frankreich und England angestrebt wurde. Er starb am 18. Dezember 1442.

Cauchons Leben wurde also entscheidend von zwei Elementen geprägt: seinem Studium und seiner politischen Entscheidung zugunsten von Johann Ohnefurcht und Heinrich VI. Auch sein Verhalten im Prozess war von politischem Kalkül bestimmt. Cauchon kam den Zielen entgegen, welche die Engländer mit dem Prozess verfolgten. Er nahm zum Beispiel hin, dass Jeanne in der Zitadelle von Rouen inhaftiert war. Als Jurist wusste er selbstverständlich, dass sie sich im Gewahrsam des Erzbischofs hätte befinden müssen. In der Prozessführung achtete er ansonsten jedoch penibel darauf, dass alle Formalien eingehalten wurden. Seine Entscheidungen sicherte er stets ab, indem er die Universität Paris und ihre Gelehrten befragen ließ.

Einige der anderen Beisitzer hatten ganz ähnliche Karrieren wie Cauchon vorzuweisen. Dies betraf insbesondere die Abgesandten der Universität Paris, die damit typische Vertreter ihrer Hochschule waren. Denn die Pariser Universität betrachtete sich seit jeher als Vorkämpferin gegen die Ketzerei. Durch den Bürgerkrieg aber hatte sie viele Dozenten und Studenten verloren. Geblieben waren die England- und Burgundtreuen, die sich den Machthabern häufig willig zur Verfügung stellten. Jeannes Prozess war für die Universität wie für einige ihrer Mitglieder also eine willkommene Gelegenheit, sich zu profilieren. Dass solche Richter unvoreingenommen das Verfahren führten, war nicht zu erwarten.

Das Verfahren

Der Ablauf des Ketzerprozesses entsprach den rechtlichen Vorschriften. Nach der formellen Eröffnung am 9. Januar 1431 begann das so genannte Offizialverfahren, in dem das Gericht zunächst das Anklagematerial sammelte und begutachtete.

Zu diesem Zweck kam es zu Zeugenvernehmungen, unter anderem in Lothringen, wo zwölf bis 15 Personen befragt wurden.[171] Auf diese Weise erfuhr das Gericht unter anderem vom Feenbaum, von einem Aufenthalt Jeannes in Neufchâteau und vom Eheprozess vor dem Offizial von Toul. Es müssen noch andere Zeugen vernommen worden sein, vielleicht sammelte man auch nur Gerüchte, die über Jeanne im Umlauf waren: über die Schmetterlinge, die sich bei Château-Thierry auf Jeannes Standarte gesetzt haben sollten, oder über das geheimnisvolle Zeichen, das sie König Karl VII. angeblich in Chinon gegeben habe.

Diese Informationen waren äußerst wertvoll, da das Gericht sonst kaum einen Ansatzpunkt für den Vorwurf der Ketzerei gehabt hätte. Es wertete diese Aussagen als Beweismaterial, dieses wurde der Angeklagten jedoch nie zur Kenntnis gebracht und auch nicht in die Prozessakten aufgenommen.[172] Vielleicht geschah dies vor allem, um die Zeugen zu schützen, von denen einige sonst womöglich dem Zugriff der Beamten Karls VII. ausgeliefert worden wären. Jeanne wusste jedenfalls mitunter nicht, gegen welche Vorwürfe sie sich verteidigen sollte. In einem Glaubensprozess war dies jedoch zulässig.

Üblicherweise wurden vor einem Inquisitionsgericht Zeugen vernommen. In Jeannes Prozess wurde jedoch nur sie selbst befragt, und zwar in sechs öffentlichen Sitzungen, die vom 21. Februar bis zum 3. März stattfanden. Tags darauf entschied das Gericht, dass ein Beauftragter Cauchons zusammen mit Beisitzern zudem noch nichtöffentliche Verhöre durchführen sollte. Diese sechs nichtöffentlichen Sitzungen fanden vom 10. bis 17. März 1431 in Jeannes Kerkerzelle statt.

Während der Sitzungen notierten drei Notare Stichpunkte, aus denen sie danach ein Protokoll in französischer Sprache erstellten. Dabei wurden die Fragen der Richter wie die Antworten der Angeklagten im Allgemeinen in die indirekte Rede überführt. Außerdem ließen die Notare eventuelle Versprecher, Nachfragen und Ähnliches weg, mitunter fassten sie zwei Antworten zu einer zusammen. Außerdem wurden manche Fragen ganz ausgelassen, sodass beim Lesen des Texts immer wieder der Eindruck entsteht, Jeanne sei plötzlich zu einem anderen Thema gesprungen.

Den französischen Text übertrugen der Notar Guillaume Manchon, der auch an der Herstellung der französischen Version mitgearbeitet hatte, und der Pariser Theologe Thomas de Courcelles kurze Zeit nach dem Prozess ins Lateinische. Da das lateinische Protokoll vollständig und das französische in Teilen erhalten sind, lässt sich feststellen, dass ihre Übersetzung recht getreu dem französischen Text folgt. Allerdings ergänzten die Notare bei der Übersetzung Details aus dem Gedächtnis und versuchten, logische Defekte zu verbessern. Außerdem kommen kleinere Ungenauigkeiten vor. Das französische Wort „estandart" (Standarte) wird zum Beispiel durch das unspezifischere „vexillum" (Fahne) wiedergegeben.[173]

Das lateinische Protokoll wurde wenige Jahre nach dem Prozess mit weiteren Schriftstücken, die zum Verfahren gehörten, darunter Urteile, Briefe und Ähnliches, zu einem Corpus zusammengestellt. Von diesem wurden fünf Exemplare angefertigt, die zur Bestätigung der Echtheit mit einem Siegel versehen und jeweils Blatt für Blatt vom Notar abgezeichnet wurden. Eines war für den König von England, je ein weiteres für die beiden Richter bestimmt.

Bei anderen Ketzerprozessen wurde solcher Aufwand nicht getrieben. Bei Jeannes Prozess aber tat man dies, weil die Richter und sicher auch die englischen Amtsträger in Rouen von Anfang an bestrebt waren, genau zu belegen, dass der Prozess gemäß den kirchenrechtlichen Vorschriften abgehalten worden war.

Am 18. März beschloss das Gericht auf Antrag Cauchons, eine Anklageschrift zusammenstellen zu lassen. Zu diesem Zweck las der Notar Guillaume Manchon der Angeklagten am 24. März das französischsprachige Protokoll vor. Sie akzeptierte es fast vollständig. Das war äußerst wichtig, denn das Protokoll war die Grundlage für den weiteren Prozessverlauf – und die Angeklagte selbst hatte diese Grundlage bestätigt.

Der erste Teil des Prozesses war damit abgeschlossen. Der zweite Teil, der ordentliche Prozess („processus ordinarius"), begann am 26. März mit einer Beratung des Gerichts. An den beiden folgenden Tagen wurden die 70 Anklagepunkte, die der Promotor d'Estivet aufgrund des Protokolls zusammengestellt hatte, der Angeklagten jeweils einzeln auf Französisch erklärt, und sie erhielt die Gelegenheit, dazu Stellung zu nehmen. Daraufhin wurde Anfang April eine Liste von zwölf Anklagepunkten zusammengestellt, zu denen die Beisitzer schriftlich Stellung nehmen konnten.

Abgesehen davon, dass sich Jeanne im Gewahrsam der Engländer und nicht des Gerichts befand, war das Verfahren bis zu diesem Zeitpunkt formalrechtlich einwandfrei abgelaufen.

Die Verhöre

Von einem fairen Prozess kann dennoch nicht gesprochen werden. Jeannes Richter waren nicht nur zum Teil voreingenommen und ihr intellektuell haushoch überlegen, sondern versuchten auch, ihr Fallen zu stellen.

Bezeichnend für das Vorgehen des Gerichts sind die Wortwechsel über Jeannes Aufenthalte in Neufchâteau. Als der stellvertretende Inquisitor d'Estivet am 27. März 1431 Jeanne die 70 Punkte für das Anklagematerial vorstellte, erhob er unter anderem die folgende Beschuldigung: „Jeanne begab sich ungefähr in ihrem 20. Lebensjahr aus eigenem Willen und ohne Erlaubnis ihres Vaters und ihrer Mutter in die Stadt Neufchâteau in Lothringen. Dort diente sie eine Zeitlang einer Wirtin, genannt

La Rousse (die Rothaarige), wo ständig mehrere junge, unkeusche Frauen weilten. Außerdem wurden dort vor allem Kriegsleute beherbergt. In diesem Wirtshaus hielt sich die genannte Jeanne also eine Zeitlang auf, manchmal blieb sie bei den genannten Frauen, manchmal trieb sie Schafe auf das Feld, manchmal führte sie Pferde zur Tränke, zur Wiese und zur Weide. Dort lernte sie zu reiten und Waffen zu gebrauchen."[174]

In den Worten d'Estivets finden sich alle Elemente einer guten Verleumdung. Jeanne hatte ihr Zuhause ohne Zustimmung der Eltern verlassen, was eine Schande für eine unverheiratete Frau war. Sie kam in einem Wirtshaus unter, was suggerierte, dass es dort zu Ausschweifungen kam. Dann heißt es ausdrücklich, dass dort auch Prostituierte wohnten, zugleich auch deren potenzielle Kunden: die Soldaten, eine Bevölkerungsgruppe, die hinsichtlich ihrer Sexualmoral schlecht beleumundet war.

Das Protokoll beschreibt Jeannes Reaktion mit den Worten: „Auf diesen Artikel antwortete Jeanne, dass sie auf das verweise, was sie darüber schon gesagt habe; das Übrige leugnete sie."

Bisher hatten die Richter Jeanne mit diesen Angaben nach Ausweis des Protokolls gar nicht konfrontiert. Von der verleumderischen Aussage und deren Tragweite erfuhr sie wohl erst an diesem Tag. Zuvor war der Aufenthalt bei La Rousse eher beiläufig angesprochen worden, wie aus dem Protokoll zur Sitzung am 22. Februar hervorgeht. Jeanne war gefragt worden, ob sie ein Handwerk gelernt habe, und sie hatte geantwortet, sie könne nähen und spinnen. Offenbar auf weitere Fragen, die aber nicht im Protokoll festgehalten wurden, hatte sie zweierlei hinzugefügt: erstens, dass sie aus Angst vor burgundischen Soldaten 15 Tage in Neufchâteau bei La Rousse verbracht habe, und zweitens, dass sie im Haus ihres Vaters im Haushalt geholfen, aber keine Tiere gehütet habe. Außerdem hatte sie am 24. Februar ausgesagt, sie habe als Jugendliche keine Tiere gehütet, sondern sie lediglich zur Weide oder, wenn Gefahr von Soldaten drohte, auf die Burg bei Domrémy getrieben.

Ihre früheren Aussagen bestätigten also nebensächliche Aspekte der Vorwürfe, die Jeanne im Kern leugnete. D'Estivet führte daher ihre Angaben in seinen Anklagepunkten nochmals auf. Er meinte wohl, auch der Rest der Verleumdung könnte sich als zutreffend erweisen, wenn man weiter nachforschte.

D'Estivet behauptete nicht, Jeanne habe sich selbst prostituiert, diese Schlussfolgerung lag aber sehr nahe. Dass es Zweifel an Jeannes Ehrbarkeit gebe, machte der nächste Anklagepunkt deutlich: „Während sie dort (im Gasthaus) in Diensten stand, verklagte sie einen jungen Mann wegen einer Eheangelegenheit vor dem bischöflichen Richter von Toul, reiste dazu mehrfach nach Toul und gab dafür fast alles Geld aus, das sie besaß. Dieser junge Mann wusste, dass sie mit den genannten Frauen Umgang gehabt hatte, und weigerte sich sie zu heiraten; er starb während des Prozesses."

Jeanne wird also indirekt vorgeworfen, ein junger Mann habe sich geweigert, sein Eheversprechen zu erfüllen, weil sie engen Kontakt zu Prostituierten gehabt und dadurch ihre Ehrbarkeit verloren habe. Diese Behauptung konnte Jeanne klarer als die vorherige widerlegen, indem sie eine plausible andere Erklärung bot, nämlich dass sie selbst verklagt worden sei, und zwar wegen angeblichen Bruchs eines Eheversprechens, das sie aber nie abgelegt hatte.

Das Gericht war also willig auf eine Verleumdung hereingefallen und hatte zudem Jeanne nicht in vollem Umfang mitgeteilt, was ihr vorgeworfen wurde. Jeanne konnte einen der Vorwürfe widerlegen, der andere schien nach Meinung des Gerichts offenbar nicht viel herzugeben, daher erscheint er in den zwölf endgültigen Anklagepunkten nicht mehr. Jeanne hatte sich mit Erfolg verteidigen können.

In ähnlicher Weise versuchte das Gericht, eine andere Aussage aus Lothringen gegen Jeanne zu verwenden, in der es um den Feenbaum bei Domrémy ging. Jemand hatte Jeanne als Hexe denunziert und sie als eine Art Priesterin eines magischen Kults dargestellt.[175] Die Geschehnisse am Feenbaum wurden konsequent als Zauberei ausgelegt. Das Gericht nahm dies zunächst bereitwillig auf. In der Anklage wurde der Feenbaum dann allerdings nur erwähnt, weil Jeanne auch dort Offenbarungen erlebt haben soll.[176] Offenbar war das Thema für eine Anklage nicht ertragreich genug.

Wie der Vorwurf über Jeannes Aufenthalt in Neufchâteau betraf ein weiterer Punkt, der mehrfach zur Sprache kam, ebenfalls die Behauptung, dass sich Jeanne nicht benahm, wie sich Frauen benehmen sollten. Man warf ihr vor, dass sie Männerkleidung trug.

Das Thema kam im Prozess immer wieder zur Sprache, unter anderem am 3. März 1431: „Sie wurde gefragt, ob ihr König, als sie das erste Mal zu ihm kam, fragte, ob sie eine Offenbarung darüber habe, dass sie ihre Kleidung wechseln solle. Sie antwortete: ‚Ich habe darauf schon geantwortet. Überhaupt, ich erinnere mich nicht mehr, ob er mich fragte.' Sie sagte, das sei alles in Poitiers aufgeschrieben."

Die Richter hakten daraufhin nach: „Gefragt, ob die Gelehrten von der anderen Partei (also vom Hof des Königs von Frankreich), die sie befragt hätten, einige einen Monat, andere drei Wochen lang, sie über den Wechsel ihrer Kleidung befragt hätten, antwortete sie: ‚Ich erinnere mich nicht.' Allerdings sagte sie, sie hätten sie aber gefragt, wo sie begonnen habe, Männerkleidung zu tragen, und sie habe ihnen gesagt, es sei in Vaucouleurs gewesen."

Darauf folgten noch sieben weitere Fragen, die sich alle mit ihrer Kleidung beschäftigten: Hätten die Gelehrten Jeanne gefragt, ob die Stimmen ihr die Benutzung von Männerkleidung befohlen hätten? Jeanne antwortete, dass sie sich nicht erinnere. Ob die französische Königin Jeanne dasselbe gefragt hätte? Auch daran erinnerte Jeanne sich nicht. Ob der König, die Königin oder sonst jemand am französischen Hof Jeanne aufgefordert habe, die Männerkleidung abzulegen? Das gehe das Gericht nichts an. Ob sie verschiedene, namentlich genannte Personen aufgefordert hätten, die Männerkleidung abzulegen oder ihr sogar Frauenkleider angeboten hätten? Jeanne antwortete, dass sei so gewesen, aber sie habe es nicht gewollt. Ob sie glaube, dass sie ein Vergehen oder eine Todsünde begangen hätte, wenn sie Frauenkleider angenommen hätte? Jeanne erwiderte, es sei das Beste, Gott zu gehorchen und ihm zu dienen. Ob Gott, als er Jeanne aufgetragen habe, sie solle Männerkleidung tragen, dies durch die Stimme des heiligen Michael, der heiligen Katharina oder der heiligen Margarete getan habe? Darauf wollte Jeanne nicht antworten.

Das Verhalten der Angeklagten erweckte den Eindruck, dass sie etwas verschweigen wollte, indem sie entweder die Antwort verweigerte oder vorgab, dass sie sich nicht mehr erinnere. Aber bei diesem heiklen Thema durfte Jeanne nicht einfach die Wahrheit sagen. Mehr noch: Sie konnte im Grunde nichts sagen, was in dieser Angelegenheit zu ihrer Entlastung beigetragen hätte. Denn wahrscheinlich war die Erklärung ganz simpel. Sie hatte die Männerkleidung zunächst aus praktischen Gründen angezogen, sie dann weiterhin getragen, weil es ihr gefiel und weil die Männerkleidung zu einem Teil ihrer Identität geworden war. Kurzum, Jeanne wollte Männerkleidung tragen.

Das durfte sie aber nicht sagen, denn damit hätte sie zugegeben, dass sie sich aus Sicht des Gerichts willentlich gegen Gottes Weltordnung versündigt hatte und noch immer versündigte. Das Einzige, was sie zu ihrer Verteidigung vorbringen konnte, war zu behaupten, dass die Stimmen ihr befohlen hätten, Männerkleidung zu tragen. Die Stimmen hielt das Gericht jedoch für Eingebungen des Teufels, sodass ihre Erwähnung gefährlich war.

Heikel waren auch die Fragen danach, wie sich der französische Hof zu ihrer Kleidung gestellt habe. Wenn sie zugegeben hätte, dass sich jemand am französischen Hof, womöglich der König selbst, erkundigt habe, warum sie Männerkleidung trage, hätte sich daraus die Frage ergeben, warum man überhaupt zugelassen habe, dass sie diese Kleidung trage. Darauf aber gab es keine Antwort, die den französischen Hof aus Sicht des Gerichts unbeschadet gelassen hätte. Denn dass Jeanne weiterhin Hosen trug, zumal außerhalb des Kampfes, war aus Sicht des Gerichts nicht entschuldbar. So blieben Jeanne nur Ausflüchte in Form von angeblichen Erinnerungslücken und der Verweigerung jeder Antwort.

Ganz ähnliche Probleme bestanden für Jeanne, als sie zu ihrer Fahne befragt wurde. Wieder hatte sie zwei Jahre zuvor etwas getan, was ihr damals sinnvoll erschienen war. Sie hatte eine Standarte herstellen lassen und dafür gesorgt, dass auf sie etwas gemalt wurde, womit sie etwas für sie Bedeutsames ausdrücken wollte. Außerdem hatten die Leute aus ihrer Kompanie Wimpel, die Jeannes Standarte ähnelten, an ihre Lanzen gehängt, damit sich die Soldaten leichter wiedererkennen konnten. Das alles war üblich, aus denselben Gründen gab es viele Standarten und Wimpel im französischen wie im englischen Heer.

Doch für die Richter gehörte Jeannes Standarte einer vermeintlichen Ketzerin. Folglich vermuteten sie abergläubische und magische Praktiken. Deshalb fragten sie am 27. Februar 1431 zunächst, was auf ihrer Standarte abgebildet war. Jeanne teilte ihnen mit, dass darauf Gott mit der Weltkugel und zwei Engel zu sehen waren. Daraufhin wollte das Gericht wissen, wer ihr gesagt habe, sie solle dieses Bild auf die Fahne malen lassen. Jeanne wurde misstrauisch und zog sich aus der Affäre, indem sie auf ihre Stimmen verwies.

Am 10. März kam das Gericht wieder auf die Fahne zu sprechen. Diesmal wurde konkret gefragt, was das Bild auf der Fahne bedeute. Jeanne erwiderte, die heilige Margarete und die heilige Katharina hätten ihr gesagt, dass sie sich eine Fahne besorgen solle und dass der Herr des Himmels darauf abgebildet sein solle. Über die Bedeutung wisse sie nichts. Für den Moment war es eine praktische Lösung, wenn sie sich auf ihre Stimmen zurückzog, denn damit konnte sie weitere Fragen der Richter abblocken. Langfristig aber hing damit ihre Glaubwürdigkeit immer mehr an den Stimmen, die das Gericht als Teufelswerk beurteilte.

Am 3. März beschäftigten sich die Richter ebenfalls mit der Standarte und außerdem mit den Wimpeln von Jeannes Männern. Offen fragten sie, ob diese Wimpel Glücksbringer seien, ob die Fahnen mit Weihwasser besprengt worden seien, ob es stimme, dass auf den Wimpeln ihrer Soldaten „Jesus Maria" gestanden habe und ob das Tuch, aus dem man die Fahnen hergestellt hatte, um einen Altar oder um eine Kirche herumgetragen worden sei? Wieder verweigerte Jeanne auf unterschiedliche Weise die Antwort: Sie hatte nichts gesehen, wusste nichts davon, und überhaupt ging dies das Gericht nichts an. Insgesamt hatte ihre Ausweichtaktik in diesem Punkt Erfolg. Die Standarte erschien zwar noch auf der Liste von d'Estivet, wurde aber nicht in die endgültige Anklageschrift aufgenommen.

Schwerwiegender war Jeannes Verhalten, als es um das Zeichen ging, das die Prophetin als von Gott gesandt erwiesen haben soll. Die Kommission von Poitiers hatte herausgestellt, dass es ein solches Zeichen bei Jeanne nicht gegeben habe. Doch schnell hatten sich Legenden gebildet, dass Jeanne tatsächlich ein Zeichen geliefert habe, während des ersten Treffens mit dem König oder später. Von diesen Legenden hatten auch die Richter in Rouen gehört und sie fragten mehrfach danach, denn ein solcher Vorfall konnte auch das Werk des Teufels sein.

Schon am 27. Februar fragte man Jeanne, ob der König eine Offenbarung gehabt habe. Sie erwiderte, der König habe von ihr ein Zeichen bekommen, bevor er ihr geglaubt habe. Am 1. März wollten die Richter genauer wissen, mit welchem Zeichen sie den König davon überzeugt habe, dass sie von Gott gesandt sei. Jeanne erklärte, dass sie das Geheimnis des Königs wahren müsse und daher nichts dazu sagen werde. Dabei blieb sie trotz mehrerer Nachfragen.

Am 10. März wurde ihr wieder die Frage nach dem Zeichen gestellt. Diesmal gab sie an, das Zeichen sei „schön und ehrbar und sehr glaubwürdig und gut und das Reichste, was es auf der Welt gebe". Vielleicht hoffte Jeanne insgeheim, dass sich die Richter zufrieden geben würden, wenn sie ihnen nur genug vertrauenerweckende Eigenschaften des Zeichens nennen würde.

Als nächstes wollten die Richter wissen, ob das Zeichen noch existiere. Im Sinn ihrer letzten Antwort bestätigte Jeanne: „Es wird tausend Jahre und mehr andauern." Auf weitere Nachfragen sagte sie, ein Engel habe das Zeichen dem König überbracht und auch die Geistlichen hätten ihr daraufhin geglaubt. Außerdem hätten mehr als 300 Menschen das Zeichen gesehen.

Der nächste Tag war ein Sonntag, daher fand kein Verhör statt. Am 12. und vor allem am 13. März wünschten die Richter dann noch mehr über das Zeichen zu erfahren. Nach und nach ließ sich Jeanne Folgendes entlocken: Kurz nach Ostern im vorletzten Jahr, also Ende März oder Anfang April 1429, betete sie in ihrer Unterkunft in Chinon, als der Erzengel Michael erschien. Bei ihm befanden sich viele weitere Engel, die aber nicht für jeden sichtbar waren; unter ihnen waren auch die Heiligen Katharina und Margarete. Mit allen diesen Engeln ging sie zum König und der Engel versprach Karl VII., dass er mit der Hilfe Gottes und dank der Mühen Jeannes die Herrschaft über ganz Frankreich erringen werde. Dann übergab der Engel einem Erzbischof, wie sie meinte, jenem von Reims, eine goldene, unendlich wertvolle Krone. Dieser reichte sie dem König weiter. Seitdem gehöre diese Krone zum königlichen Schatz. Bei dem Vorfall sahen, wie sie glaubte, der Erzbischof von Reims, der Herzog von Alençon, der Herr von La Trémoille und Karl von Bourbon den Engel; weitere Geistliche und andere Personen sahen die Krone, aber nicht den Engel.

Alle diese Aussagen fasste d'Estivet unter Punkt 51 seiner Materialsammlung für die Anklage zusammen. Er konzentrierte sich darauf, dass Jeanne in überheblicher Prahlerei behauptet habe, mit dem Erzengel Michael durch die Burg Chinon gegangen zu sein. Außerdem habe sie angegeben, der Erzengel habe vor Karl VII. grüßend den Kopf geneigt, was er noch nicht einmal vor der Heiligen Jungfrau Maria getan habe.

In der endgültigen Anklageschrift bildete dieser Vorwurf den zweiten Punkt. Ausdrücklich wurde festgehalten, dass Jeanne sich widersprochen habe, denn einmal habe sie gesagt, sie sei mit dem König allein gewesen, als dieser das geheime Zeichen erhielt; ein anderes Mal habe sie behauptet, der Erzbischof von Reims und andere Fürsten seien dabei gewesen.[177] Die Stellungnahme der theologischen Fakultät Paris zu diesem Punkt der Anklageschrift war kurz und deutlich: Es handele sich um „eine anmaßende, verführerische, hartnäckige, erfundene Lüge, welche der Würde der Engel abträglich ist."[178]

Diese Beurteilung war fatal für Jeanne. Was sie über ihre Visionen angab, ließ sich schlecht widerlegen, weil niemand dabei gewesen war. Daher hatte das Gericht bislang nur ihre Aussage anzweifeln können. Jetzt aber sprach sie von einem Engel und einer Krone, die auch andere gesehen haben sollten, diese Zeugen aber hatten von diesem Erlebnis bisher nichts berichtet. Dazu kam die ketzerische Behauptung, dass ein Engel vor einem Menschen – und sei es der König von Frankreich – den Kopf gesenkt haben sollte.

Was Jeanne zu dieser Aussage getrieben hatte, lässt sich nur vermuten. Vielleicht hatte sie verzweifelt gehofft, sich zu retten, indem sie ein aus ihrer Sicht glaubhaftes Zeichen präsentierte, für das es sogar Zeugen gab. Es musste kein Nachteil sein, dass es sich bei ihnen um hochrangige Amtsträger der feindlichen Kriegspartei handelte und das Gericht sie daher nicht befragen konnte. Vielleicht hatte Jeanne auch eine Vision von diesen Vorgängen gehabt, die sie nun als reales Geschehen schilderte. Was sie zu dieser Aussage auch verleitet haben mag, sie beging damit einen schweren Fehler.

Insgesamt aber verteidigte Jeanne sich mutig und geschickt gegen Feinde, die ihr aufgrund ihrer Position im Verfahren und ihrer Kenntnisse weit überlegen waren. Einige Verdachtsmomente konnte sie entkräften, andere erschienen dem Gericht für die Anklage nicht überzeugend genug. Doch letztlich lieferte sie selbst das Material, aus dem sich eine Anklage aufbauen ließ, die aus Sicht ihrer Richter sehr solide war.

Es half ihr auch nicht, dass sie, wie schon vor der Kommission in Poitiers, eine beachtliche Schlagfertigkeit zeigte. Am 1. März 1431 wurde sie beispielsweise gefragt, ob der heilige Michael, als er ihr erschien, nackt gewesen sei. Sie gab zurück: „Glaubt ihr, unser Herr Jesus Christus hätte nichts, womit er ihn bekleiden könnte?“

Ihre Schlagfertigkeit wirkte sich nicht so positiv für sie aus wie in Poitiers. Wer ihr freundlich gesinnt war, konnte solche Sätze als Indiz dafür werten, dass das einfache Bauernmädchen von Gott Kraft erhielt und deswegen so selbstbewusst reden konnte. Wer in ihr eine Ketzerin vermutete, sah darin aber ein Anzeichen für Böswilligkeit, Respektlosigkeit und Verstocktheit.

Wieder zeigte sich, dass der Prozess und seine Vorbedingungen für Jeanne von größtem Nachteil waren. Ihre Richter fragten nicht, ob sie Schuld auf sich geladen hatte. Sie suchten nur nach Beweisen dafür, dass Jeanne eine Ketzerin war.

Wohlmeinende Mahnungen

Die hartnäckigen, mitunter hinterhältigen Fragen ihrer Richter müssen Jeanne seelisch unter enormen Druck gesetzt haben. Noch größere Wirkung erzielte das Gericht aber womöglich auf eine andere, in gewisser Hinsicht noch perfidere Weise.

Ziel des Glaubensprozesses war es nicht nur, Häretikern ihre Schuld nachzuweisen und sie dann ihrer gerechten Strafe zuzuführen. Vielmehr sollten die verirrten Schafe aus der Herde des Herrn auch zum rechten Glauben zurückgeführt werden. Die Angeklagten sollten veranlasst werden, Reue zu empfinden und Buße zu leisten. Zu diesem Zweck versuchte das Gericht mehrfach, Jeanne von ihren Irrtümern zu überzeugen.

Am Palmsonntag, dem 25. März, suchten Cauchon und vier Beisitzer Jeanne zu diesem Zweck in ihrem Kerker auf und boten ihr an, sie dürfe zur Messe gehen, wie sie es mehrfach erbeten hatte. Sie müsse aber „die Kleidung, die ihrem Geschlecht entspricht“, tragen. Jeanne lehnte es jedoch ab, Frauenkleider anzuziehen. Das Gericht hatte damit aus seiner Sicht einen Versuch unternommen, die Angeklagte zu sittlich angemessenem Verhalten zu bewegen, und es hatte ihr dazu sogar die Erfüllung eines Wunsches in Aussicht gestellt, den es einer der Ketzerei Angeklagten nicht erfüllen musste. Vielleicht aber hatten auch einige Angehörige des Gerichts gehofft, dass Jeanne auf dieses Angebot ohnehin nicht eingehen würde und dadurch einen weiteren Grund für ihre Verurteilung liefern würde.

Zum Vorgehen des Gerichts zählte auch, dass es Jeanne mehrfach eine „wohlmeinende Mahnung“ zukommen ließ. Am 27. März 1431 zum Beispiel wurde zunächst über das weitere Vorgehen beraten, im Protokoll heißt es dann: „Als das geschehen war, sagten wir Jeanne, dass alle Anwesenden Geistliche und gelehrte Männer seien, Experten des göttlichen und des menschlichen Rechts, die mit aller Güte und Freundlichkeit mit ihr umgehen wollten, allzeit bereit, nicht nach Rache oder körperlicher Strafe zu streben, sondern nach ihrer Belehrung und nach ihrer Rückführung auf den Weg der Wahrheit und des Heils.“

Nachdem das Gericht einen Monat lang versucht hatte, Jeannes Schuld zu beweisen und sie damit auf den Scheiterhaufen zu bringen, erscheinen diese Sätze zynisch. Tatsächlich aber war es nach dem Selbstverständnis des Gerichts unverzichtbar, dass solche Worte gesprochen wurden, da die Sünderin durch sie zur Einsicht gebracht werden sollte.

Die nächste wohlmeinende Ermahnung erfolgte am 18. April 1431. Die beiden Richter Cauchon und Lemaître sowie sieben weitere Beisitzer, die alle Theologen waren, suchten Jeanne in dieser Absicht im Kerker auf. Sie war in diesen Tagen allerdings nicht recht verhandlungsfähig, weil sie an einer Lebensmittelvergiftung litt; Cauchon hatte ihr einen Karpfen geschickt, der offenbar verdorben gewesen war. Dabei handelte es sich höchstwahrscheinlich nicht um einen Mordversuch, sondern um ein Missgeschick. Der Graf von Warwick schickte mehrere Ärzte zu der Kranken, da die Engländer sie unbedingt lebend auf den Scheiterhaufen bringen wollten.[179]

Wegen Jeannes Erkrankung fand die nächste Sitzung des Gerichts am 2. Mai statt. Sie war der dritten Mahnung der Angeklagten gewidmet. Zunächst sprach Cauchon: Die Verhöre und die Urteile vieler gelehrter Männer hätten erwiesen, dass die Angeklagte in vielen Punkten vom Glauben abgewichen sei. Bevor jedoch das Verfahren weiter getrieben werde, sei es nach dem Urteil vieler lauterer, gewissenhafter und gelehrter Männer notwendig, Jeanne ihre Fehler nochmals vor Augen zu führen. Sie solle erkennen, „was an ihren Worten und Taten vom Glauben, von der Wahrheit und von der Religion abweicht". Sie müsse aus Nächstenliebe gemahnt werden, an ihr Seelenheil zu denken. „Deswegen versuchten wir zuerst, sie auf den rechten Weg zurückzuführen, und zwar durch mehrere ehrenwerte Doktoren der Theologie, die wir mehrere Male und an unterschiedlichen Tagen zu ihr sandten, mal die einen, mal die anderen. Sie mühten sich nach Kräften darum, voller Sanftmut und ohne jeden Zwang. Aber wegen der Hartnäckigkeit des Teufels konnten sie bislang nichts erreichen."

Da die Ermahnung im kleinen Kreis keine Frucht getragen habe, solle nun eine öffentliche Ermahnung erfolgen. Cauchon riet Jeanne, sie solle nicht ihrem eigenen Urteil glauben, sondern „dem Rat lauterer und weiser Männer, welche das göttliche und das menschliche Recht kennen".

Wie wichtig dem Gericht diese Ermahnung war, zeigt sich an zwei Stellen im Protokoll. Zum einen waren weitaus mehr Beisitzer erschienen, als es bei anderen Sitzungen der Fall war. Zum anderen wurden Cauchons Worte ausführlich im Protokoll festgehalten. Vom rechtlichen Standpunkt aus hätten sie wohl gar nicht erwähnt werden müssen und für die folgende Mahnung Jeannes hätte ein kurzer Vermerk gereicht. Doch ist auch diese Szene detailliert dokumentiert. Der Bericht über diese Mahnung hält allerdings ausschließlich die Wortwechsel fest, die äußeren Umstände lassen sich nur aus beiläufigen Bemerkungen des Protokolls erschließen.

Die Sitzung fand im großen Saal der Zitadelle statt. Man brauchte viel Platz, denn außer den beiden Richtern und den Notaren waren 62 Beisitzer anwesend. Wie das Protokoll sorgfältig aufführt, befanden sich unter ihnen 13 Doktoren und neun Baccalaurei der Theologie, fünf Doktoren und 22 Lizentiaten des Römischen oder Kanonischen Rechts, zwei Doktoren und ein Lizentiat der Medizin. Nur zehn Beisitzer verfügten nicht über derartige akademische Grade.

Jeanne stand also einer bedrückenden Anzahl von Männern gegenüber, die intellektuell weitaus höher qualifiziert waren als sie selbst. Hinzu kam noch, dass die Richter doppelt oder dreimal so alt waren wie die Angeklagte. Wie Cauchon es in seinen einleitenden Worten gesagt hatte, konnten diese Männer beanspruchen, dass sie von den Dingen, um die es ging, weit mehr verstanden als Jeanne. Einige von ihnen ergriffen das Wort und hielten Jeanne ihre Fehler vor. Die anderen Männer schwiegen währenddessen und erweckten damit den Eindruck, den Sprechenden zuzustimmen. All das muss einen sehr hohen moralischen Druck auf Jeanne ausgeübt haben.

Mit der Mahnung hatte Cauchon den Archidiakon von Évreux, Zano di Castiglione, beauftragt. Dieser begann mit einer allgemein gehaltenen Einleitung, darauf gab es eine folgenschwere Antwort der Angeklagten: „Auf diese allgemeine Mahnung antwortete Jeanne: ‚Lest euer Buch vor' – nämlich den Zettel, den der Herr Archidiakon in der Hand hielt – ‚und ich werde euch antworten. Ich verlasse mich in allen Dingen auf Gott, meinen Schöpfer.' Dann wurde sie gefragt, ob sie auf diese allgemeinen Ermahnung noch mehr erwidern wolle: ‚Ich verlasse mich auf Gott. Er ist der Herr des Himmels und der Erde.'"

Bezeichnenderweise sind Jeannes Worte auch im lateinischen Protokoll auf Französisch wiedergegeben. Denn sie waren – ebenso wie andere Sätze der Angeklagten bei dieser Sitzung – für den weiteren Verlauf des Prozesses und für ihr Schicksal von ausschlaggebender Bedeutung.

Castiglione fasste Jeannes Verfehlungen in sechs Punkten zusammen. Dann wollte er sicher gehen, dass Jeanne wirklich verstanden hatte, welche Tragweite ihre Reaktion auf diese Darlegungen für sie haben würde. Daher erklärte er ihr, welchen Gehorsamsanspruch die Kirche gegenüber den Gläubigen erhob. Jeanne erwiderte darauf: „Ich glaube sehr wohl an die Kirche dieser Welt. Aber hinsichtlich meiner Taten und Worte verlasse ich mich, wie ich schon gesagt habe, ganz auf Gott."

Entsetzt fragte Castiglione, ob sie nicht einmal den Papst als ihren Richter anerkenne. Jeanne bestätigte, dass nur Gott ihr Richter sei.

„Es wurde ihr gesagt, dass sie, wenn sie nicht an die Kirche und den Glaubensartikel ‚Heilige katholische Kirche' glauben wolle, eine Ketzerin sei und von den anderen Richtern dazu verurteilt würde, verbrannt zu werden."

Jeanne entgegnete: „Ich werde euch nichts anderes sagen. Und wenn ich das Feuer sehe, werde ich dennoch das sagen, was ich euch sage, und ich werde nichts anderes tun."

Geradezu verzweifelt versuchte Castiglione nochmals, Jeanne Worte zu entlocken, die man als Anzeichen für ein kleines Zugeständnis werten konnte: Ob sie sich nicht dem Heiligen Vater, dem Papst, unterwerfen wolle?

Jeanne erwiderte: „Bringt mich zu ihm, ich werde ihm antworten."

Die Aussagen der Angeklagten waren eindeutig. Sie lehnte es ab, sich der Kirche zu unterwerfen, und das war Ketzerei. Es machte nicht mehr viel aus, dass sie es anschließend nochmals ausdrücklich ablehnte, Frauenkleider zu tragen, und auf der Wahrhaftigkeit ihrer Offenbarungen beharrte. Abschließend versuchten noch mehrere Gelehrte von unterschiedlichen Fakultäten, sie zur Unterwerfung unter die Kirche zu bewegen. Jeanne jedoch blieb bei ihrer Haltung.

Im entscheidenden Punkt gingen sie und ihre Gegner

von grundsätzlich unterschiedlichen Auffassungen aus. Vermutlich verstanden die Kontrahenten einander gar nicht, da sie ganz unterschiedliche Voraussetzungen mitbrachten. Jeanne hatte in Domrémy einen Glauben erworben, der auf festen Grundsätzen und deren Befolgung beruhte. Sie kannte das Glaubensbekenntnis und elementare Glaubenspraktiken wie Gebete, Messen, Prozessionen. Ohne jeden Zweifel war sie tief gläubig und erfüllte gewissenhaft und eifrig, wenn nicht übereifrig, die Anforderungen, die ihre Religion an sie stellte. Ihr Glaube und seine Grundlagen waren ihr selbstverständlich. Gott war ihr gegenwärtig, erst recht, seit sie Visionen hatte.

Über Fragen des Glaubens systematisch nachzudenken, war sie nie angeleitet worden, und ihr selbst lag abstrahierendes Denken fern – auf dem Gebiet des Religiösen wie des Politischen. „Die Kirche" bestand für sie aus jenen Priestern und Mönchen, denen sie begegnete. Später, in Chinon und Poitiers, lernte sie höhere kirchliche Würdenträger kennen, Bischöfe und Äbte. Aber diese Geistlichen als Teil einer abstrakten Wesenheit, „der Kirche", zu sehen, dürfte ihr sehr schwer gefallen sein. Wenn sie nun entscheiden sollte, wem zu folgen war, dann entschied sie sich für Gott und seine Heiligen, die sie hörte, nicht für „die Kirche", die für sie nicht greifbar war.

Die gelehrten Richter hingegen waren im Laufe eines langen Studiums dazu erzogen worden, über die Grundfragen des Glaubens gemäß jenen Maßstäben nachzudenken, welche die Heilige Schrift und die Werke der Kirchenväter gesetzt hatten. Für sie war es selbstverständlich, dass Christus die eine Kirche als Gemeinschaft der Gläubigen gegründet hatte. Diese Kirche hatte in Gestalt der Hierarchie, die sie ausgebildet hatte, Sorge dafür zu tragen, dass ihre Einheit sowohl in der Gemeinschaft als auch in der Lehre gewahrt wurde. Die Kirche war für die Richter Jeannes zudem nicht nur abstrakt, sondern konkret fassbar, denn sie selbst gehörten zur Hierarchie dieser Kirche und übernahmen in ihr Aufgaben. Unter anderem waren Jeannes Richter als Gelehrte der Theologie und der Rechtswissenschaften nach ihrem Selbstverständnis dafür zuständig, die katholische Lehre und damit das Volk Gottes vor den Einflüssen des Teufels zu verteidigen.

Nun saßen sie einer jungen Frau gegenüber, die auf der Richtigkeit ihrer Visionen beharrte, obwohl sie sich selbst widersprochen hatte, obwohl manches von dem, was sie glaubte und sagte, offenkundig mit den Aussagen des gelehrten Schrifttums nicht in Einklang stand und obwohl ihre Richter ihr das alles mehrfach erklärt hatten. Obendrein war diese Frau so vermessen, mehr auf ihre angeblichen Visionen zu setzen als auf die von Christus gegründete Kirche und ihre Amtsträger. Daher war diese Frau eine Ketzerin, schlimmer noch: eine verbohrte Ketzerin, die sich trotz aller Anstrengungen des Gerichts nicht einmal in die Nähe des rechten Weges führen ließ.

Die Standpunkte der Angeklagten und ihrer Richter ließen sich nicht auf einen gemeinsamen Nenner bringen. Jeanne widerstand der Übermacht der Gelehrten und hielt zu ihren Überzeugungen. Sie brach unter dem riesigen moralischen und psychologischen Druck nicht zusammen. Aber die Richter hielten die Macht über ihr Leben in den Händen.

Das Gericht drohte nun mit dem letzten Mittel, mit dem es hoffte, Jeannes Widerstand doch noch brechen und ihr Seelenheil retten zu können. Am 9. Mai wurden ihr die Folterinstrumente gezeigt, genau so, wie es das Kirchenrecht vorschrieb, nämlich von jenen Männern, die sie, falls es dazu kommen sollte, foltern würden.

„Darauf erwiderte Jeanne: ‚Wahrhaftig, wenn ihr die Glieder ausreißen und meine Seele aus meinem Körper entweichen ließet, würde ich euch doch nichts anderes sagen. Und wenn ich euch etwas anderes sagen sollte, würde ich hinterher immer sagen, dass ihr mich mit Gewalt dazu gezwungen habt.'"

Offensichtlich kannte Jeanne eine Vorschrift des Kirchenrechts, die hier relevant war. Geständnisse, die unter der Folter abgelegt wurden, besaßen keine Gültigkeit und mussten später ohne äußeren Zwang wiederholt werden. Die Angeklagte machte ihren Richtern durch diese Sätze also klar, dass die Folter zu keinem juristisch verwertbaren Ergebnis führen werde.

Drei Tag später, am 12. Mai, beriet das Gericht darüber, ob es die Gefangene foltern solle. Die 14 anwesenden Beisitzer wurden einzeln nach ihrer Meinung gefragt. Fast alle lehnten die Folter ab, nur zwei stimmten dafür. Soweit sie ihre Einschätzungen begründeten, waren diese nicht durch Mitleid, sondern durch praktische Erwägungen begründet. Mehrere Beisitzer meinten, es sei schlicht aussichtslos, Jeanne zu foltern, denn sie sei zu verbohrt, um dadurch auf den rechten Weg gebracht werden zu können.

Ein Doktor beider Rechte, Raoul Roussel, sah die

Frage als guter Jurist noch sachlicher. Er erklärte schlicht, „dass ein Prozess, der bisher so gut geführt worden sei, wie dieser, nicht der Verleumdung ausgesetzt werden dürfe". Er meinte damit, dass das Verfahren bisher makellos und ohne Formfehler durchgeführt worden sei und Jeannes eigene Aussagen für eine Verurteilung ausreichten. Würde sie gefoltert, könnte im Nachhinein behauptet werden, alle Aussagen, die auf Ketzerei deuteten, seien durch die Folter erpresst worden. Diese Unterstellung aber würde das professionelle Ansehen der Richter herabsetzen, die bislang einen so mustergültigen Prozess geführt hätten.

Es verging eine Woche bis zur nächsten Sitzung, offenbar weil das Gericht auf die Rückkehr dreier Beisitzer wartete, die alle an der Universität Paris lehrten und schon Ende April an diese Hochschule entsandt worden waren. Sie sollten dort über die zwölf Anklagepunkte und die Haltung der Angeklagten zu ihnen berichten. Die Universität beschäftigte sich erstmals am 29. April mit dieser Aufgabe, delegierte dann die Stellungnahme an die juristische und die theologische Fakultät. Diese gingen in ihren Gutachten die zwölf Anklagepunkte einzeln durch und erklärten jeweils, dass die Vorwürfe berechtigt seien. Die Universität schloss sich dieser Meinung an.

Am 19. Mai entschied das Gericht dann, was nach der Äußerung der Pariser Gelehrten und sicherlich auch nach dem Urteil der Richter und Beisitzer unumgänglich war: Jeanne sollte noch ein weiteres Mal gemahnt werden. Falls das keine Einsicht hervorrufe, müsse man „zu dem, was zu tun bleibt, weiterschreiten". Jeannes Richter scheuten sich noch auszusprechen, was das bedeutete.

Am 23. Mai trug der Doktor der Theologie Pierre Maurice der Angeklagten die Anklagepunkte samt der Stellungnahme der Universität vor. Dann sprach er zu ihr, flehte sie geradezu an, ihre Fehler einzusehen und sich dem Urteil der Kirche zu unterwerfen. Jeanne blieb hart. Sie stehe zu dem, was sie im Prozess gesagt habe.

Am folgenden Tag wurde Jeanne auf den Friedhof der Abtei Saint-Ouen gebracht, wo das Urteil verkündet werden sollte. Das Selbstverständnis des Inquisitionsgerichts verlangte es, dass sie noch ein letztes Mal zur Einsicht gemahnt wurde. Daher predigte der Doktor der Theologie Guillaume Érard darüber, dass alle Katholiken sich dem Urteil der Kirche unterwerfen müssten. Nochmals hielt er Jeanne ihre Irrtümer vor.

Dann fragte er die Angeklagte, ob sie sich der Kirche unterwerfe. Jeanne antwortete, man solle die Unterlagen über ihre Taten und Worte nach Rom senden. Dem Papst und Gott unterwerfe sie sich. Sie wurde gefragt, ob sie widerrufe. Jeanne wiederholte: Sie unterwerfe sich dem Papst und Gott. Das reiche nicht, entgegnete man, man könne sich doch nicht an den Papst wenden, der so weit weg sei. Außerdem seien die Bischöfe ordnungsgemäße Richter und sie müsse sich der Heiligen Mutter Kirche unterwerfen. Dreimal mahnte man Jeanne, doch sie blieb stumm.

Nach den Verfahrensregeln blieb dem Gericht nun keine andere Wahl. Jeannes Todesurteil wurde verlesen. Plötzlich brach sie ein. Sie widerrief. Wenn alle sagten, ihre Visionen und Offenbarungen seien nicht glaubhaft, werde auch sie nicht mehr daran glauben. Sie unterwerfe sich in allem der Kirche und dem Gericht.

Der Widerruf muss für ihre Richter völlig überraschend gekommen sein. Dennoch waren sie auch auf diesen Fall vorbereitet. Vielleicht hatte man den Widerruf, der jetzt zur Hand war, bereits für frühere Verhandlungstage verfasst. Der französische Text wurde Jeanne – wohl absatzweise – vorgelesen und sie sprach die Worte nach. Dann unterzeichnete sie das Schriftstück mit ihrem Vornamen und zeichnete dahinter ein Kreuz.

Nun wurde ein anderes Urteil verlesen, das man für diesen Fall ebenfalls vorbereitet hatte. Es gipfelte in dem Satz: „Weil du gegenüber Gott und gegenüber der Heiligen Kirche, wie geschildert, gefehlt hast, verurteilen wir dich förmlich und endgültig unter Vorbehalt späterer Gnade und Ermäßigung zur heilsamen Buße bei lebenslanger Kerkerhaft mit dem Brot des Schmerzes und dem Wasser der Traurigkeit, damit du dort deine Taten beweinst und das zu Beweinende nachher nicht mehr tust." Jeannes Prozess war zu Ende. Sie willigte sogar ein, fortan wieder Frauenkleider zu tragen.

Die Hinrichtung

Am 28. Mai 1431 betraten die beiden Richter und acht Beisitzer Jeannes Zelle, weil man ihnen schon von dem berichtet hatte, was sie nun mit eigenen Augen sahen: Die Gefangene trug Männerkleidung.

Zweifellos hatten die Wärter ihr diese Kleidung gegeben, denn anders konnte Jeanne nicht daran kommen. Vermutlich hätten die Wärter auch nicht ohne ausdrücklichen Befehl gehandelt. Offensichtlich wollte jemand unter den verantwortlichen Engländern Jeanne unbedingt auf dem Scheiterhaufen sehen. Auch die hochgelehrten Richter müssen das aus den Umständen geschlossen haben, aber von dieser Erkenntnis findet sich kein Wort im Protokoll.

Ebenfalls mit keiner Silbe wird dort erwähnt, dass Jeanne schon am Tag zuvor, dem Sonntag Trinitatis, Männerkleidung getragen hatte, wie es zwei Zeugen beim Rehabilitationsprozess übereinstimmend angaben. Beide gingen daraufhin zur Zitadelle, wurden jedoch von einer großen Anzahl Engländer bedroht und flohen.[180]

Wenn es so gewesen wäre, hätte Jeanne geltend machen können, dass sie gezwungen worden sei, die Männerkleidung anzulegen. Das tat sie aber nicht. Auf Nachfragen erklärte sie vielmehr, dass sie diese Kleidung aus eigenem Willen angezogen habe. Sie habe nur deswegen Frauenkleider getragen, weil man ihr versprochen habe, dass sie dann in die Messe gehen sowie das Abendmahl feiern könne und dass sie nicht mehr gefesselt würde. Das war aber, so sind ihre Worte zu verstehen, nicht geschehen.

Sie gab auch zu, wieder ihre Stimmen gehört zu haben. Die Heiligen Katharina und Margarete hätten großes Mitleid mit ihr wegen ihres Verrats, durch den sie ihr Seelenheil verwirkt habe. Überhaupt habe sie nur aus Angst vor dem Feuer widerrufen. Doch nun wolle sie ihre Buße lieber auf einmal leisten, nämlich indem sie sterbe, als dass sie eine lange Gefängnisstrafe ertragen wolle.

Jeanne war also die Tragweite ihres Widerrufs bewusst geworden. Auf dem Friedhof von Saint-Ouen war sie unter dem seelischen Druck und der Angst zusammengebrochen. Als sie sich etwas beruhigt hatte, wurde ihr klar, dass ihr ein Leben im Kerker bevorstand. Außerdem hatte sie nach ihrem Verständnis Gott und die Heiligen verraten. Sie hatte alles verleugnet, worauf sie seit mehr als zwei Jahren ihr Leben gegründet hatte. Angesichts dieser Erkenntnis wählte sie den Tod – bewusst, wenn auch nicht kühlen Kopfes.

Bei einer rückfälligen Ketzerin gab es rechtlich keinen Spielraum mehr. Am folgenden Tag traten Richter und Beisitzer in der Kapelle des erzbischöflichen Palastes zusammen. Die Geschehnisse der letzten Tage wurden ihnen kurz dargelegt. Außerdem verlas man das Protokoll, das mittlerweile über Jeannes Aussagen vom Vortag angefertigt worden war. Dann wurden die Beisitzer einzeln nach ihrer Meinung gefragt. Sie antworteten, wie sie als Juristen und Theologen antworten mussten, einige zurückhaltend, manche mit harscheren Worten.

Der Abt von Fécamp wurde als zweiter befragt. Nüchtern stellte er fest, dass Jeanne rückfällig geworden sei. Dennoch es wäre gut, so fuhr er fort, wenn man ihr nochmals ihren Widerruf vorlese und erkläre sowie ihr das Wort Gottes vorhalte. Dann müsse man sie den weltlichen Behörden übergeben und diese bitten, mild mit ihr zu verfahren. Diese Mischung aus harter Folgerichtigkeit und pastoraler Milde sprach offenbar die Beklommenheit an, welche viele Beisitzer ergriffen hatte. Die meisten von ihnen stimmten dem Abt einfach zu.

Der mustergültige Prozess ging ordentlich zu Ende. Die Richter befahlen am folgenden Tag, Jeanne förmlich zu ihrer eigenen Hinrichtung am 30. Mai um 8 Uhr morgens auf dem Alten Marktplatz vorzuladen, und der Priester, der diese Nachricht der Gefangenen überbrachte, hielt diesen Akt schriftlich fest.

Am Morgen des 30. Mai äußerte die verzweifelte Todeskandidatin offenbar abermals, ihre Stimmen hätten sie getäuscht und sie unterwerfe sich der Kirche. Was sie genau sagte und ob sie dabei überhaupt urteilsfähig war, ist unklar. Ihre verzweifelten Worte ließen sich jedenfalls als Widerruf auffassen. Daher konnten die Richter gestatten, dass der Dominikaner Martin Ladvenu Jeanne in ihrer Kerkerzelle die Beichte abnahm und ihr das Abendmahl spendete.[181] Im langen Büßergewand bestieg Jeanne anschließend den Henkerskarren, der sie zur Hinrichtungsstätte brachte. Ladvenu verließ bis zu ihrem Tod nicht mehr ihre Seite.

Auf dem Alten Markt wurde Jeanne dann an eine Art Tribüne geführt und dort festgebunden. Der Auffassung vom Glaubensprozess entsprechend, wurde „zu ihrer heilsamen Mahnung und zur Erbauung des Volkes" eine Predigt gehalten, deren Thema deutlich die Hinrichtung rechtfertigen sollte: „Wenn ein Glied leidet, leiden die anderen mit ihm." (1 Kor 12, 26)

Ein letztes Mal wurde Jeanne ermahnt, ihre Irrtümer einzusehen. Dann wurde das Urteil verlesen. Nun hätte der Repräsentant der weltlichen Macht, der Amtmann von Rouen, seinerseits ein Urteil aussprechen müssen, da die Kirche selbst keine Todesurteile vollstrecken durfte. Der Amtmann aber gab nur den kurzen Befehl, Jeanne zum Scheiterhaufen zu bringen. Damit beging er einen Verfahrensfehler, den die anwesenden Juristen verärgert wahrnahmen.

Jeanne wurde an einen Pfahl gebunden, um sie herum wurde das Holz aufgeschichtet. Sie stand also nicht auf, sondern im Scheiterhaufen. Das war üblich, weil nur so sichergestellt werden konnte, dass der ganze Körper verbrannte. Außerdem hatte dieses Vorgehen den Vorteil, dass die Delinquenten recht schnell erstickten. Zwar kamen viele Menschen zu Hinrichtungen, weil sie das Ereignis miterleben wollten und einige erfüllte die Bestrafung des Übeltäters sicherlich mit Befriedigung. Aber wenn ein Mensch litt und vor Schmerzen schrie, konnte dieses schreckliche Erlebnis jeden Rachedurst schnell zum Versiegen bringen.

Der Henker entzündete das Feuer. Martin Ladvenu, der ihr am Morgen die Beichte abgenommen hatte, hielt auf Jeannes Bitte ein Kreuz hoch, damit sie es über dem Feuer und dem Rauch sehen konnte.[182] Als die Flammen schon loderten, schrie sie mehrfach „Jesus", nach einigen Augenzeugen rief sie auch den Namen des Erzengels Michael.

Was nun folgte, war bald auch in Paris bekannt, wie die Worte des unbekannten Tagebuchschreibers zeigen: „Dort war sie bald erstickt, ihr Kleid verbrannt. Dann wurde das Feuer zurückgezogen. Damit die Zweifel des Volkes zerstört würden, sahen alle Leute sie ganz nackt und alle Geheimnisse, die an einer Frau sein können und müssen. Als alle sie nach ihrem Gutdünken ganz tot am Pfahl gesehen hatten, schob der Henker wieder das große Feuer auf ihren armen Kadaver, der bald ganz verbrannt war. Knochen und Fleisch waren zu Asche geworden."[183]

Jeannes Tod genügte den englischen Amtsträgern nicht. Es durfte keinen Zweifel daran geben, dass sie wirklich im Scheiterhaufen gestorben war. Daher sollte jeder ihre Leiche sehen. Ihr entblößter Körper wurde den Blicken ausgeliefert, noch im Tod wurde Jeanne gedemütigt. Vor der nackten Leiche dieser erniedrigten Frau musste kein englischer Soldat mehr Angst haben.

Jeannes Asche wurde in die Seine geworfen. So verfuhr man immer mit den Überresten von Ketzern, die den Tod durch Verbrennen erlitten hatten. Es sollte nichts zurückbleiben, was an sie erinnerte.

Kapitel 6

Nachleben

Frankreich nach Jeannes Tod

Jeannes Tod war nicht das Ende ihres Wirkens. Vor allem ihre Feinde hatten zunächst ein unmittelbares Interesse daran, dass die Erinnerung an sie bestehen blieb, genauer: die Erinnerung an ihren Tod, wie sie ihren Gegnern genehm war. Wenige Tage nach Jeannes Hinrichtung richtete König Heinrich VI. von England Verlautbarungen an die Herrscher Europas, an Philipp den Guten von Burgund sowie an seine Untertanen in Frankreich. Darin betonte er, dass der Prozess ordnungsgemäß abgelaufen sei und die Ketzerin ihr verdientes Ende gefunden habe. In ähnlicher Weise wandte sich die Universität Paris an den Papst und das Kardinalskollegium.[184]

Es gab auch andere Versuche, die öffentliche Meinung gegen Jeanne zu beeinflussen. In Paris zum Beispiel fand am 4. Juli 1431 eine Prozession statt und danach hielt der Inquisitor von Frankreich Jean Graverent eine Predigt über Jeanne.[185]

Trotz dieser Versuche, Jeanne als Ketzerin darzustellen, verbreiteten sich bald Legenden über ihren Tod, die sie geradezu als Heilige erscheinen ließen. Es hieß, der Henker habe nach der Hinrichtung gesagt, dass er eine Heilige verbrannt habe und daher verdammt sei. Manche behaupteten, Jeannes Eingeweide und ihr Herz seien nicht verbrannt.[186]

Bald traten Frauen auf, die sich für Jeanne ausgaben und erklärten, sie seien dem Tod auf dem Scheiterhaufen entronnen.[187] Von vielen ist nicht mehr bekannt, als dass es sie gab. Eine von ihnen, Claude des Armoises, konnte 1436 allerdings viele Leute davon überzeugen, dass sie Jeanne sei. Sogar Jeannes Brüder erkannten sie an. 1439 zog sie feierlich in Orléans ein. Dadurch erregte sie die Aufmerksamkeit der Universität Paris und des höchsten Gerichtshofs, des Parlaments. Claude des Armoises musste nach Paris kommen, wo sie zugab, dass sie keine Jungfrau mehr war. Mit der Entlarvung ihres Betrugs verschwindet sie aus der Überlieferung. Die Erfolge der falschen Jeannes zeigen, dass die echte Jeanne im Volk beliebt war und die sehnsüchtige Hoffnung nach einer Retterin weiterhin existierte.

Das königliche Heer aber brauchte keine von Gott gesandte Retterin mehr, denn die Siege von Orléans und Patay hatten eine grundlegende militärische Wende gebracht. Am Hof Philipps des Guten setzte sich bald die Auffassung durch, man müsse sich mit Frankreich verständigen, um nicht an Englands Seite unterzugehen. Nach langen Verhandlungen schlossen Karl VII. und Philipp der Gute 1435 in Arras Frieden. England verlor seinen wichtigsten Bündnisgenossen und der Bürgerkrieg in Frankreich war nach fast 30 Jahren beendet.

Schon 1436 gelang es den Truppen Karls VII., Paris zurückzuerobern. In den Jahren bis 1441 fiel auch der Rest der Ile-de-France wieder unter Karls Herrschaft. Im Mai 1444 wurde in Tours ein Waffenstillstand mit England vereinbart. Karl VII. nutzte die Zeit für Reformen.

Als der Waffenstillstand im Jahr 1449 auslief, waren Armee und Finanzen bereit zur Fortführung des Krieges. Schon im November 1449 konnte Karl VII. feierlich in Rouen einziehen. Im Juni 1450 war die ganze Normandie in seiner Hand und ein Jahr später wendete sich das französische Heer gegen den englisch besetzen Südwesten des Königreiches. Am 19. Oktober 1453 kapitulierte Bordeaux. Damit waren die Engländer auch aus dem Südwesten Frankreichs vertrieben.

Wieder wurde ein Waffenstillstand geschlossen. Er musste immer wieder verlängert werde, mehrfach schien es, als könnten die Kämpfe wieder ausbrechen. Doch es zeigte sich, dass die Reihe von Kriegen zwischen England und Frankreich, die man seit dem 19. Jahrhundert als den Hundertjährigen Krieg bezeichnet, endgültig vorbei war. Der endgültige Frieden wurde erst 1475 in Picquigny geschlossen. Von den Ansprüchen der englischen Monarchen auf ihren Festlandsbesitz blieben nur Calais – bis 1558 – und der bloße Titel eines Königs von Frankreich – bis 1802.

Trotz dieser militärischen Erfolge blieb die Erinnerung an Jeanne für Karl VII. problematisch. Der König hatte eine Frau in seinem Heer geduldet, die später als Ketzerin verurteilt worden war, und er verdankte ihr sogar wichtige Erfolge. Das diskreditierte ihn. Daher tendierten die Chroniken, die in Verbindung zum Königshof entstanden, dazu, ihre Darstellung von Jeannes Wirken mit der Königsweihe enden zu lassen. Sie blenden also ihre Misserfolge sowie den Prozess und ihren Tod aus. Außerdem erwecken sie den Anschein, als sei Jeannes Mission mit der Königsweihe erfüllt gewesen. Sie unterschlagen, dass Jeanne selbst die Engländer aus Frankreich vertreiben wollte.[188]

Nur eine Chronik stellte Jeanne anders dar. Perceval de Cagny schilderte ihr Wirken breit und positiv. Für ihr Scheitern machte er Verrat und Missgunst verantwortlich. Sogar Karl VII. kritisiert er. Bezeichnenderweise gehörte Cagny nicht zum Umfeld des königlichen Hofes. Er nahm vielmehr eine hohe Stellung am Hof des Herzogs von Alençon ein, der mit Jeanne eng verbunden gewesen war. Cagny zählte damit zu den alten Förderern Jeannes aus der Orléans-Partei.

Cagnys Chronik erfuhr zwar kaum Verbreitung, aber ihre Existenz zeigt, dass das Ansehen Karls VII. in zweierlei Hinsicht gefährdet war. Den einen erschien er als Helfer einer Ketzerin, den anderen als Verräter einer von Gott gesandten Jungfrau. Der König musste bestrebt sein, sich von diesen Vorwürfen zu entlasten.

Der Rehabilitierungprozess

Wenn Karl VII. nicht als Nutznießer einer Häretikerin gelten wollte, musste er dafür sorgen, dass Jeanne nicht mehr als Häretikerin galt. Der pratikabelste Weg, dies zu erreichen, war nachzuweisen, dass Jeanne zu Unrecht verurteilt worden war. Zu diesem Zweck musste man genau wissen, wie der Prozess abgelaufen war. Die Akten aber konnten die Juristen Karls VII. nicht einsehen – bis 1449, als mit der Stadt Rouen auch die Prozessakten in die Hand Karls VII. fielen.[189]

Wenige Monate später, im März 1450, wurde der königliche Rat Guillaume Bouillé, ein Doktor der Theologie, beauftragt, in Rouen sieben Zeugen des Prozesses zu befragen und die Akten durchzusehen. Als er dies

Abb. 9: Die Annullierung des Urteils von 1431 machte den Weg dafür frei, dass man in Frankreich unbefangen über Jeanne schreiben konnte. Diese Illustration zu einem Buch über berühmte Frauen stammt aus den ersten Jahren des 16. Jahrhunderts. Sie zeigt Jeanne so, wie in dieser Zeit männliche Feldherren abgebildet wurden.

getan hatte, erstellte er ein kurzes Gutachten, dem zufolge eine Annullierung des Prozesses möglich schien.

Aufgrund unterschiedlicher Schwierigkeiten dauerte es jedoch noch einige Jahre, bis es zu den entscheidenden Schritten kam. König Karl VII. wollte zwar die Aufhebung des Urteils, doch diesem Ansinnen stand ein grundlegendes Problem entgegen: Gegen das Urteil eines Inquisitionsgerichts war rechtlich keine Berufung möglich. Man konnte sich also nicht, wie bei zivil- oder strafrechtlichen Prozessen, an die nächst höhere Instanz wenden und das Urteil anfechten. Einzig der Papst konnte die Wiederaufnahme anordnen und ein Gericht einsetzen.

Die Haltung des Heiligen Stuhls war vornehmlich durch politische Rücksichten bestimmt. Eine mögliche Wiederaufnahme des Verfahrens durfte kein schlechtes Licht auf das Inquisitionsgericht werfen und dadurch diese kirchliche Institution insgesamt schwächen. Außerdem galt es, den Anschein zu vermeiden, dass sich die Königreiche Frankreich und England in diesem Prozess gegenüberstanden, denn der Heilige Stuhl wollte nicht in deren Konflikt hineingezogen werden. Falls die Wahrung dieser Interessen zugesichert würde, wäre der Papst gerne bereit, die Wiederaufnahme des Prozesses anzuordnen. Dabei ging es selbstredend nicht darum, Jeanne Gerechtigkeit widerfahren zu lassen, sondern darum, dem König von Frankreich einen Gefallen zu erweisen.

Trotz der heiklen Lage fanden die Juristen Karls VII. eine Lösung. Die noch lebenden Verwandten Jeannes sollten den Papst um die Wiederaufnahme bitten, sodass Karl VII. sich nicht durch den Einsatz für eine mögliche

Ketzerin kompromittierte und seine politischen Interessen im Hintergrund blieben. Ziel des Verfahrens sollte es sein, den Prozess von 1431 wegen Formfehlern für nichtig zu erklären. Auf diese Weise würde weder die Inquisition an sich in Frage gestellt noch die Rolle des englischen Königs allzu deutlich thematisiert werden.

Aus diesen Gründen sollte sich das Verfahren zudem formal gegen die Erben und Nachfolger Cauchons, des Inquisitors und des Promotors richten. Diesem Vorgehen kam zustatten, dass die drei Hauptverantwortlichen für den Prozess, der Bischof Cauchon, der Stellvertreter des Inquisitors Lemaître und der Promotor d'Estivet, inzwischen verstorben waren. Dem Gerechtigkeitssinn kam dies nicht entgegen, weil es nicht mehr möglich wäre, die drei Männer gegebenenfalls zur Rechenschaft zu ziehen. Für die Juristen Karls VII. hingegen war dieser Umstand äußerst erfreulich. Denn es tat niemandem mehr weh, wenn man nun alle Schuld auf diese drei Männer abwälzte.

Im April 1455 ernannte Papst Calixt III. die Mitglieder des Gerichts: Jean Juvenal des Ursins, Erzbischof von Reims, Guillaume Chartier, Bischof von Paris und Richard Olivier, Bischof von Coutances. Alle Drei waren enge Vertraute Karls VII., sodass dieses Gericht mit Sicherheit noch voreingenommener war, als jenes von 1431. Die drei Bischöfe kooptierten den Inquisitor von Frankreich, Jean Bréhal.

Das eigentliche Verfahren begann mit einer Inszenierung in der Pariser Kathedrale Notre-Dame. Dort übergaben Jeannes Mutter Isabelle Romée und ihre Söhne Jean und Pierre am 7. November 1455 den Richtern die Urkunde über die päpstliche Entscheidung und forderten Gerechtigkeit für Jeanne, deren Ruf unter dem nicht ordnungsgemäßem Prozess gelitten habe. Die Richter kannten den Wortlaut der päpstlichen Entscheidung natürlich schon aufgrund ihrer Ernennung und hatten Isabelle obendrein selbst formal vorgeladen. Das öffentliche Schauspiel diente also lediglich dazu, die Wichtigkeit des Königs für die Eröffnung des Prozesses zu kaschieren.

Die Rolle von Jeannes Mutter und ihren Brüdern war damit schon zu Ende. Zehn Tage später wurden für sie mehrere Beauftragte und ein Rechtsanwalt bestellt, sodass die Familie hiernach nichts mehr mit dem Prozess zu tun hatte.

Außerdem erklärten die Erben Cauchons und sein Nachfolger als Bischof von Beauvais sowie die Amtsnachfolger des dortigen Promotors und des Vize-Inquisitors sich nicht betroffen. Trotz mehrfacher Vorladungen erschienen sie nicht zu den Sitzungen. Der Prozess, der daraufhin im Dezember 1455 in Rouen eröffnet wurde, fand also ohne Anwesenheit der Kläger und der Angeklagten statt. Den politischen Plänen schadete dies natürlich nicht.

Noch nicht einmal Zeugen traten vor das Gericht. Vielmehr wurden zwischen Januar und Mai 1456 nicht weniger als 116 Personen in Jeannes lothringischer Heimat, in Orléans, in Paris und in Rouen befragt. Außerdem legte Jean d'Aulon, Seneschall von Beaucaire, einer von Jeannes engsten Vertrauten, seine Aussage am 28. Mai 1456 vor dem Vize-Inquisitor von Lyon ab.

Man gab sich also sichtlich viel Mühe, aber bei näherem Hinsehen war Vieles an diesem Vorgehen zu bemängeln. So wurden wichtige Zeugen, nämlich Beisitzer des Prozesses von 1431, nicht vernommen, obwohl man es hätte tun können. Die Personen in Lothringen, die über Jeannes Leben vor der Abreise nach Chinon Auskunft geben sollten, hatte das Gericht nicht selbst gesucht, sondern sie sich von Jeannes Bruder Jean d'Arc nennen lassen.

Der Fragenkatalog konzentrierte sich ganz auf Jeannes Leben in Lothringen sowie auf die Ereignisse vom Entsatz von Orléans bis zur Königsweihe in Reims. Die fehlgeschlagenen Unternehmungen, die Jeanne danach bis zu ihrer Gefangennahme angestrengt hatte, interessierten das Gericht nicht, obwohl man diese Geschehnisse nicht von vornherein für irrelevant halten konnte. Zu allem Überfluss stellte man den Zeugen Suggestivfragen und legte ihnen auf diese Weise nahe, wie die Antwort auszufallen hatte. Beim Zeugen Jean d'Aulon nahm man es sogar hin, dass er die Fragen schlicht ignorierte und einfach das erzählte, was er erzählen wollte.

Angesichts all dessen ist nicht verwunderlich, dass sämtliche Aussagen dem gewünschten Bild entsprachen. Ganz offensichtlich diente der ganze Aufwand nicht der Wahrheitsfindung, sondern dem politischen Ziel, Jeanne vom Vorwurf der Ketzerei reinzuwaschen, den Verurteilungsprozess damit zu diskreditieren und Karl VII. zu entlasten.

Daher mühte man sich in höchst dubioser Weise, Fakten so zu verbiegen, dass sie zum angestrebten Ergebnis passten. Jeanne hatte zum Beispiel 1431 ausgesagt, ein Engel habe ihr eine Krone für Karl VII. gebracht. Sie hatte damit verzweifelt versucht, die beharrlichen Fragen ihrer Richter nach dem geheimen Zeichen zu beantworten, das ihr Auserwähltsein belegen sollte. Doch mit dieser Angabe hatte sie ihren eigenen früheren Aussagen widersprochen, sodass die Richter ihre Darstellung als falsch durchschaut hatten. Jetzt interpretierte das Gericht diese Aussage als Allegorie: Jeanne habe gar keine richtige Krone gemeint, sondern nur bildlich gesprochen. Das war offensichtlich eine Ausflucht.

Ein anderer zentraler Punkt der Verurteilung von 1431 war, dass Jeanne sich nicht dem Urteil der Kirche unterworfen hatte. Dieser Vorwurf ließ sich nicht schönreden und daher musste er widerlegt werden. Das Gericht verfiel auf eine Argumentation, die an Betrug grenzte. Es behauptete, Jeanne habe doch an den Papst und das Konzil appelliert und sich damit der Kirche unterworfen. Ein solcher Appell war jedoch rechtlich gar nicht zulässig.

Ganz allgemein behauptete das Gericht von 1456 sogar, die zwölf Punkte, die Jeanne im Urteil des Ketzerprozesses zur Last gelegt wurden, gäben nicht das wieder, was Jeanne in den Verhören tatsächlich gesagt habe. Cauchon habe die Beisitzer in diesem Punkt vielmehr getäuscht. Diese Argumentation kam besonders gelegen, weil sie nicht nur Jeanne entlastete, sondern zugleich den Angeklagten Cauchon belastete. Allerdings gründete sie auf einer falschen Voraussetzung, denn die Richter von 1431 hatten sich sehr wohl auf Jeannes eigene Aussagen gestützt. Wohlweislich versuchten die Richter von 1456 auch nicht, zu beweisen, dass die zwölf Punkte nicht auf Jeannes Aussagen beruhten, denn einen solchen Beweis gab es schlicht nicht.

Angesichts der Vielzahl bewusster Manipulationen verwundert es nicht, dass das Gericht nach Abschluss der Zeugenvernehmungen recht schnell, am 7. Juli 1456, zum erwünschten Urteil kam. Der Prozess von 1431 wurde aufgrund formaler Mängel für nichtig erklärt: Der Gerichtshof sei nicht zuständig gewesen, die Angeklagte minderjährig, das Recht auf Appellation an den Papst habe man missachtet. Dem entsprechend wurde das Urteil gegen Jeanne aufgehoben. Außerdem dekretierte das Gericht, dass die Aufhebung des alten Urteils durch Ausrufe bekannt gemacht werden sollte. Auf diese Weise sollte Jeannes Ehre wiederhergestellt werden. Denselben Zweck verfolgte die Bestimmung, ein Kreuz an der Stelle zu errichten, an der Jeanne gestorben war. Dieses Kreuz mochte zugleich Passanten veranlassen, für die unschuldig Hingerichtete zu beten und so für ihr Seelenheil zu sorgen. Dies war auch der Zweck der Anordnung, Prozessionen für ihr Seelenheil abzuhalten.

Streng genommen besagte das Urteil von 1456 nur, dass das Urteil von 1431 nicht rechtens gewesen sei. Jeanne galt damit nicht mehr als verurteilte Ketzerin. Es wurde nichts darüber ausgesagt, ob Jeanne wirklich Stimmen gehört hatte, ob ihr tatsächlich Heilige erschienen waren, ob sie im Auftrag Gottes gehandelt hatte. Jeanne selbst wären diese Punkte außerordentlich wichtig gewesen. Aber den Richtern von 1456 ging es nicht um Jeanne. Ihre Kollegen von 1431 hatten sich, wenn auch voreingenommen, wenigstens bemüht, ihre Sicht der Geschehnisse herauszufinden. Ein Vierteljahrhundert nach Jeannes Tod ging es nur noch darum, wie die Überlebenden und Nachlebenden mit der Erinnerung an Jeanne umgehen konnten.

Die Aufhebung des Urteils von 1431 erleichterte es, die Erinnerung an Jeanne wach zu halten. Sie blieb im kulturellen Gedächtnis Frankreichs immer präsent. Das Interesse an ihr überlebte auch die Französische Revolution, doch das Bild, das man sich von ihr machte, wandelte sich. Den Historikern der Romantik erschien sie als ein Bauernmädchen, welches das Königreich rettete. Einige Jahrzehnte später wurde Jeanne zur Heldin der französischen Rechten. Für sie verkörperte die Jungfrau das konservative Frankreich, wie es sich selbst sah: patriotisch, royalistisch, katholisch. Jeanne war damit das Gegenbild zur Marianne, die das republikanische Frankreich symbolisierte und dementsprechend häufig mit einer Jakobinermütze dargestellt wurde. In den Kriegen gegen Deutschland von 1870/71 und von 1914 bis 1918 diente Jeanne d'Arc schließlich als Symbol des nationalen Kampfes gegen den fremden Aggressor. Als patriotische Katholikin fand sie auch das Wohlwollen kirchenfreundlicher Kreise. Dies führte dazu, dass sie 1909 selig- und 1920 heiliggesprochen wurde.[190]

Doch nicht nur in Frankreich stieß Jeanne auf Interesse. Schriftsteller und Dichter wie Schiller, Shaw und Brecht verfassten Werke über sie. Immer wieder wurde ihre Geschichte verfilmt. Diese ungeheure Anziehungskraft geht nicht von den eigentlichen Taten Jeannes aus. Denn ihre entscheidende Mitwirkung an der Befreiung von Orléans und beim Zug zur Königsweihe in Reims ist nur für die Geschichte Frankreichs wichtig. Zudem geht es schon längst nicht mehr um die Frage, ob sie eine von Gott gesandte Jungfrau oder eine Ketzerin war.

Abb. 10: Ingrid Bergman spielte in der Verfilmung von Victor Fleming 1948 eine vergeistigte Jeanne d'Arc.

Abb. 11: Mit Milla Jovovich in der Hauptrolle inszenierte Luc Besson 1999 eine stark vermännlichte Jeanne.

Die vielen Bilder von Jeanne, die bis heute produziert wurden, haben eines gemeinsam: Jeanne erscheint als eine Frau, die an etwas Großes glaubte, ihre göttliche Mission, und die deswegen Dinge bewirkte, die weit über das hinausgingen, was man von einer jungen, ungebildeten Frau von niederem Stand erwarten konnte. Für ihre Überzeugungen und für ihre Wahrheit stand sie letztlich mit ihrem Leben ein. Die konkreten historischen Umstände von Jeannes Wirken – oder das, was Schriftsteller und Drehbuchautoren dafür ausgeben – sind bei den verschiedenen Bearbeitungen des Stoffes gar nicht mehr das Wesentliche, sondern dienen lediglich dazu, diese Grundkonstellation mit Leben zu füllen. Jeanne ist längst zu einem Mythos geworden.

Ihre Hingabe, ihr Eifer und ihr Mut faszinieren auch Menschen, die nicht an Gott glauben, keine Franzosen und keine Monarchisten sind. Denn jedem, der sich mit ihrem Leben beschäftigt, stellt sich die Frage danach, was ihm seine eigenen Ziele im Leben Wert sind.

Quellen und ausgewählte Literatur

Quellen

Cagny, Perceval de: Chroniques, hg. von Henri Moranvillé, Paris 1902

Chartier, Jean: Chronique de Charles VII, hg. von Auguste Vallet de Viriville, 3 Bde., Paris 1858

Chronique de la pucelle, hg. von Auguste Valet de Viriville, Paris 1859

Duparc, Pierre (Hg.): Procès en nullité de la condamnation de Jeanne d'Arc, 5 Bde., Paris 1977–1989

Fauquembergue, Clément de: Journal, hg. von Alexandre Tuetey, 2 Bde., Paris 1910

Journal d'un bourgeois de Paris de 1405 à 1449, hg. von Colette Beaune, Paris 1990

Journal du siège d'Orléans, 1428–1429, augmenté de plusieurs documents, hg. von Paul Charpentier und Charles Cuissard, Orléans 1896

Monstrelet, Enguerrand de: Chronique, Bd. 4, hg. von L. Douët d'Arc, Paris 1860

Morosini, Antonio: Chronique. Extraits relatifs à l'histoire de France, hg. von Germain Lefèvre-Pontalis und Léon Dorez, Bd. 3: 1429–1433, Paris 1901

Quicherat, Jules (Hg.): Procès de condamnation et de réhabilitation de Jeanne d'Arc, 5 Bde., Paris 1841–49, ND Paris 1965

Quicherat, Jules (Hg.): Relation inédite de Jeanne d'Arc, in: Revue historique 4, 1877, S. 327–344

Tisset, Pierre (Hg.): Procès de condamnation de Jeanne d'Arc, 3 Bde., Paris 1960–1971

Biografien von Jeanne d'Arc

Beaune, Colette: Jeanne d'Arc, Paris 2004

Beaune, Colette: Jeanne d'Arc. Vérités et légendes, Paris 2008

Bouzy, Olivier: Jeanne d'Arc, l'histoire à l'endroit, Tours 2008

Krumeich, Gerd: Jeanne d'Arc. Die Geschichte der Jungfrau von Orléans, München 2006

Tanz, Sabine: Jeanne d'Arc. Spätmittelalterliche Mentalität im Spiegel eines Weltbildes, Weimar 1991

Thomas, Heinz: Jeanne d'Arc. Jungfrau und Tochter Gottes, Berlin 2000

Einzelstudien

Allmand, Christopher: The Hundred Years War. England and France at War, ca. 1300–1450, Cambridge 1988, ^{5}1996

Bonenfant, Paul: Philippe le Bon. Sa politique, son action, hg. von A.-M. Bonenfant-Feytmans, Paris/Brüssel 1996

Contamine, Philippe: Naissance d'une historiographie. Le souvenir de Jeanne d'Arc en France et hors de France, depuis le procès de son innocence jusqu'au début du XVIe siècle, in: ders., De Jeanne d'Arc aux guerres d'Italie. Figures, images et problèmes du XVe siècle, Orléans 1994, S. 139–163. – Zuerst in: Francia 15, 1987, S. 233–256

Contamine, Philippe: Observations sur le siège d'Orléans 1428–1429, in: Ders., Pages d'histoire militaire (XIVe–XVe siècles), Paris 2005, S. 197–212. – Zuerst in: Les enceintes urbaines, XIIIe–XVIe siècle, hg. von G. Blieck, Philippe Contamine u. a., Paris 1999, S. 331–343

Contamine, Philippe: Remarques critiques sur les étendards de Jeanne d'Arc, in: Francia 34, 2007, S. 187–200

Curry, Anne E.: L'effet de la libération d'Orléans sur l'armée anglaise. Les problèmes de l'organisation militaire en Normandie de 1429 à 1435, in: Jeanne d'Arc. Une époque, un rayonnement (s. dort), S. 95–106

Curry, Anne E.: The Organisation of Field Armies in Lancastrian Normandy, in: Matthew Strickland (Hg.), Armies, Chivalry and Warfare. Proceedings of the 1995 Harlaxton Symposium, Stamford 1998, S. 207–233

Ehlers, Joachim: Geschichte Frankreichs im Mittelalter, Stuttgart 1987, 2., neu bearb. Aufl. Darmstadt 2009

Favier, Jean: La guerre de Cent Ans, 1337–1453, Paris 1980

Favier, Jean: Frankreich im Zeitalter der Lehnsherrschaft, Stuttgart 1989. – Frz. Orig.-Ausg.: Le temps des principautés de l'an mil à 1515, Paris 1984

Fraioli, D.: Joan of Arc – the Early Debate, New York 2000

Guillemain, Bernard: Une carrière: Pierre Cauchon, in: Jeanne d'Arc. Une époque, un rayonnement (s. dort), Paris 1982, S. 217–225

Hanhart, Robert: Das Bild der Jeanne d'Arc in der französischen Historiographie vom Spätmittelalter bis zur Aufklärung, Basel 1955

Himmel, Stephanie: Von der „bonne Lorraine" zum globalen „magical girl". Die mediale Inszenierung des Jeanne d'Arc-Mythos in populären Erinnerungskulturen, Göttingen 2007

Jeanne d'Arc. Une époque, un rayonnement. Colloque d'histoire médiévale, Orléans, novembre 1979, Paris 1982

Jeanne d'Arc oder wie die Geschichte eine Figur konstruiert, hg. von Hedwig Röckelein u. a., Freiburg im Breisgau 1996

Krumeich, Gerd: Jeanne d'Arc in der Geschichte. Historiographie – Politik – Kultur (Beihefte der Francia 19), Sigmaringen 1989

Krumeich, Gerd: Auf dem Weg zum Volkskrieg? Jeanne d'Arc als „chef de guerre", in: Soldatinnen. Gewalt und Geschlecht im Krieg vom Mittelalter bis heute, hg. von Klaus Latzel u. a., Paderborn 2011, S. 113–128

Krynen, Jacques: L'empire du roi. Idées et croyances politiques en France, XIIIe–XVe siècle, Paris 1993

Luce, Siméon: Jeanne d'Arc à Domrémy. Études critiques sur les origines de la mission de la pucelle, Paris 1886

Michaud-Fréjaville, Françoise: Une ville, une destinée. Recherches sur Orléans et Jeanne d'Arc en l'honneur de Françoise Michaud-Fréjaville, Paris 2005

Müller, Heribert: Karl VII., in: Die französischen Könige des Mittelalters, hg. von Joachim Ehlers u. a., München 1996, S. 321–336

Müller, Wolfgang: Der Prozess Jeanne d'Arc. Quellen – Sachverhalt einschließlich des zeit- und geisteswissenschaftlichen Hintergrunds – Verurteilung und Rechtfertigung – rechtliche Würdigung und Schlussbemerkung, 4 Bde., Hamburg 2004

Müller, Wolfgang: Le procès de réhabilitation. Fut-il „le vrai procès de Jeanne d'Arc"?, in: Francia 34, 2007, S. 207–213

Pernoud, Régine: La libération d'Orléans: 8 mai 1429, Paris 1969

Rapp, Francis: Jeanne d'Arc témoin de la vie religieuse en France au XVe siècle, in: Jeanne d'Arc. Une époque, un rayonnement (s. dort), S. 169–179

Schnerb, Bertrand: Les Armagnacs et les Bourguignons. La maudite guerre, Paris 1988

Sullivan, Karen: The interrogation of Joan of Arc, Minneapolis 1999

Vale, Malcolm G. A.: Charles VII, London 1974

Vaughan, Richard: Philip the Good. The Apogee of Burgundy, London 1970, ND Woodbridge 2002

Vauchez, André: Jeanne d'Arc et le prophétisme féminin des XIVe et XVe siècles, in: Jeanne d'Arc. Une époque, un rayonnement (s. dort), S. 159–168

Anmerkungen

In den Anmerkungen werden im Wesentlichen nur die Zitate aus den Quellen nachgewiesen. Zu Ereignissen und Sachverhalten, die in jeder Jeanne-d'Arc-Biografie erwähnt sind, können hingegen angesichts der Flut von Veröffentlichungen über Jeannes Leben keine Belege geboten werden.

[1] Tisset 1, 41. – Allgemein zu Jeannes Jugend und zum Dorf Domrémy: Luce.
[2] Quicherat 5, 116.
[3] Tisset 1, 40.
[4] Quicherat 5, 150; Duparc 1, 18.
[5] Tisset 1, 181.
[6] Duparc 1, 40.
[7] Zu den Paten: Beaune, Jeanne d'Arc, 45–48.
[8] Duparc 1, 262, 264, 267, 268, 273, 281.
[9] Tisset 1, 78.
[10] Tisset 1, 123.
[11] Duparc 1, 9.
[12] Duparc 1, 256, 271, 277, 280 f.
[13] Duparc 1, 292.
[14] Beaune, Jeanne d'Arc, 55–65.
[15] Tisset 1, 63 f.
[16] Tisset 2, 46, 72.
[17] Tisset 1, 47.
[18] Tisset 1, 123.
[19] Tisset 1, 73–75.
[20] Greenblatt, Robert G.: Der historische Fall Jeanne d'Arc, in: Sexualmedizin 7, 1980. S- 309–311.
[21] Thomas, Jeanne d'Arc, 124–131.
[22] Duparc 1, 363.
[23] Zu den Prophetinnen vor Jeanne: Beaune, Jeanne d'Arc, 86–114.
[24] Vauchez, Jeanne d'Arc et le prophétisme féminin.

[25] Duparc 1, 375.
[26] Duparc 1, 293.
[27] Die Datierung von Jeannes Aufenthalten in Vaucouleurs folgt der Argumentation von Thomas, Jeanne d'Arc, 153–155.
[28] Tisset 1, 48 f.; Duparc 1, 296.
[29] Duparc 1, 298.
[30] Ebd.
[31] Ebd.
[32] Tisset 1, 49; Duparc 1, 378.
[33] Tisset 1, 50.
[34] Tisset 1, 51, 76.
[35] Tisset 1, 49, 51 f., 76.
[36] Duparc 1, 326.
[37] Duparc 1, 362.
[38] Duparc 1, 381.
[39] Duparc 1, 381 f.
[40] Élisabeth Gonzalez, Un prince en son hôtel. Les serviteurs des ducs d'Orléans au XVe siècle, Paris 2004, CD-ROM, Raoul de Gaucourt und Jean de Coutes.
[41] Duparc 1, 305.
[42] Duparc 1, 381.
[43] Duparc 1, 378.
[44] Duparc 1, 387 f.
[45] Duparc 1, 326.
[46] Duparc 1, 328.
[47] Tisset 1, 76; Duparc 1, 326, 328.
[48] Duparc 1, 377.
[49] Seguins Aussage: Duparc 1, 470–473.
[50] Duparc 1, 375.
[51] Duparc 1, 326, 328.
[52] Duparc 1, 387.
[53] Quicherat 3, 391 f.
[54] Duparc 1, 368.
[55] Der Brief an die Engländer u. a. bei Quicherat 5, 95–98.
[56] Tisset 1, 51.
[57] Duparc 1, 389.
[58] Duparc 1, 388–391.
[59] Das Gutachten von Gelu: Quicherat 3, 393–410.
[60] Quicherat 5, 289.

[61] Tisset 1, 76.
[62] Duparc 1, 362, 381.
[63] Tisset 1, 115, 264.
[64] Duparc 1, 363. Zu Jeannes Gefolge: Remi Boucher de Molandon, Première expédition de Jeanne d'Arc: Le ravitaillement d'Orléans, Orléans 1874, 74 f.; Müller, Prozess, 621–623.
[65] Duparc 1, 325, 371.
[66] Duparc 1, 362.
[67] Quicherat 5, 258.
[68] Quicherat 5, 258.
[69] Quicherat 5, 265, 267.
[70] Tisset 1, 96; vgl. Thomas 249.
[71] Contamine, Guerre, État, 1, 260.
[72] Quicherat 5, 258. Zu Jeannes Standarte: Contamine, Remarques.
[73] Tisset 1, 78, 114, 172.
[74] Duparc 1, 390.
[75] Die Aussage Pasquerels: Duparc 1, 391. Zur Weihe des Banners: Chronique de la pucelle, 281.
[76] Duparc 1, 324.
[77] Duparc 1, 391.
[78] Duparc 1, 371.
[79] Duparc 1, 387.
[80] Duparc 1, 473.
[81] Duparc 1, 373 f., 396.
[82] Duparc 1, 391.
[83] Monstrelet 4, 294. – Zu diesem Kapitel: Contamine, Observations; Pernoud, Libération.
[84] Journal du siège, 52; Chronique de la Pucelle, 269 f.
[85] Duparc 1, 317, 329, 331.
[86] Journal du siège, 75.
[87] Duparc 1, 318 f.
[88] Duparc 1, 327.
[89] Journal du siège, 76 f.
[90] Journal du siège, 79; Chronique de la Pucelle, 285.
[91] Duparc 1, 320, 331, 333, 408.
[92] Journal du siège, 79.
[93] Journal du siège, 79 f.
[94] Duparc, 319 f.
[95] Journal du siège, 80.

[96] Duparc 1, 392.
[97] Journal du siège, 81.
[98] Duparc 1, 364, 392, 479; Chronique de la Pucelle, 288; Chartier 1, 72.
[99] Duparc 1, 393.
[100] Chartier 1, 73–75; Journal, 82 f.
[101] Duparc 1, 393.
[102] Duparc 1, 395.
[103] Ebd.
[104] Journal du siège, 89.
[105] Chronique de la Pucelle, 296.
[106] Journal du siège, 91.
[107] Tisset 1, 78, vgl. Thomas 289 f.; Journal, 85; Duparc 1, 320, 395; Chronique de la Pucelle, 292 f.
[108] Duparc 1, 395.
[109] Duparc 1, 320.
[110] Duparc 1, 482–484.
[111] Journal, 84–88.
[112] Duparc 1, 382 f.
[113] Chronique de la Pucelle, 292.
[114] Duparc 1, 383–386.
[115] Zu diesem Abschnitt: Curry, Effet.
[116] Quicherat 5, 162–164, 192–194.
[117] Quicherat 5, 127.
[118] Quicherat 4, 125.
[119] Duparc 1, 279.
[120] Quicherat 5, S. 127–131.
[121] Quicherat 5, 266 f.
[122] Quicherat 5, 141.
[123] Quicherat 5, S. 126 f.
[124] Quicherat 5, 139 f.
[125] Quicherat 4, 129.
[126] Tisset 1, 141.
[127] Cagny, 167 f.
[128] Journal d'un bourgeois, 265–267.
[129] Cagny, 168.
[130] Jean Chartier, Chronique 1, 109; auch Cagny, 170; Tisset 1, 170 f.
[131] Jean Chartier, Chronique 1, 112.
[132] Quicherat 4, 89.

[133] Quicherat 5, 105–111.
[134] Quicherat 5, 112–114.
[135] Quicherat 5, S. 141.
[136] Quicherat 5, 154–156.
[137] Tisset 1, 101, 103.
[138] Quicherat 5, 164 f.
[139] Quicherat 5, S. 131–136.
[140] Morosini 3, 8–54.
[141] Morosini 3, 60–66, 91–130.
[142] Morosini 3, 125 f.
[143] Morosini 3, 150–152, 166.
[144] Fauquembergue 3, 306 f.
[145] Journal d'un bourgeois, 257, 265.
[146] Duparc 1, 376–378.
[147] Quicherat 5, 146–150.
[148] Duparc 1, 330.
[149] Tisset 1, 105 f., 141, 160 f.
[150] Quicherat 5, 150–153.
[151] Quicherat 5, 156–159.
[152] Monstrelet 4, 384 f.
[153] Tisset 1, 113–115, 141, 232.
[154] Tisset 1, 112 f.; Monstrelet 4, 386–389.
[155] Monstrelet 4, 387 f.
[156] Quicherat 5, 166 f.
[157] Monstrelet 4, 388.
[158] Fauquembergue 2, 342 f.
[159] Tisset 1, 8 f. – Zum Prozess in Rouen vor allem Müller, Prozeß 1–4. – Die Aussagen zum eigentlichen Verfahren sowie die entsprechenden Zitate aus den Prozessakten sind in diesem Kapitel nicht eigens ausgewiesen, wenn sie in der Ausgabe von Tisset anhand der Tagesdaten leicht aufzufinden sind.
[160] Tisset 1, 4–11.
[161] Cagny, 177.
[162] Tisset 1, 155 f.
[163] Tisset 1, 94 f.
[164] Duparc 1, 405.
[165] Tisset 1, 107, 131, 144, 151, 153, 161, 164, 234 f., 242, 246, 288.
[166] Tisset 1, 11–14.

[167] Duparc 1, 181 f., 197, 206, 216, 356, 431, 455, 468 ; zum Käfig: 219, 239, 431 f.
[168] Tisset 1, 14 f.
[169] Tisset 1, 18 f.
[170] Zu Cauchon: François Neveux, L'évêque Pierre Cauchon, Paris 1987; Bernard Guillemain, Une carrière: Pierre Cauchon.
[171] Duparc 1, 302 f., vgl. 257.
[172] Duparc 1, 417, 437.
[173] Tisset 1, 78, 114, 172.
[174] Zu Jeannes Aufenthalt bei La Rousse und zum Prozess vor dem Offizial von Toul: Tisset 1, 200.
[175] Tisset 1, 198.
[176] Tisset 1, 197–199, 290.
[177] Tisset 1, 291 f.
[178] Tisset 1, 361, vgl. 376.
[179] Duparc 1, 347, 350 f.
[180] Duparc 1, 426, 456.
[181] Duparc 1, 443.
[182] Duparc 1, 443.
[183] Journal d'un Bourgeois de Paris, 296 f.
[184] Tisset 1, 423–430, 433–436; Monstrelet 4, 442–447.
[185] Bourgeois de Paris, 297–300.
[186] Duparc 1, 224; Colette Beaune, Le cœur de Jeanne, in: Francia 34, 2007, S. 201–206.
[187] Beaune, Jeanne d'Arc, 368–377.
[188] Contamine, Naissance d'une historiographie.
[189] Zum Rehabilitationsprozess: Müller, Prozess 3, 1461–1641; und ders., Procès.
[190] Zu Jeannes Nachleben in Frankreich: Krumeich, Jeanne d'Arc in der Geschichte.

Bildnachweise

Karte 1: Domrémy und Umgebung © Peter Palm, Berlin

Karte 2: Frankreich um 1429 © Peter Palm, Berlin

Abb. 1: Stephane Odul, Geburtshaus von Jeanne d'Arc in Domrémy, Wikimedia Commons (09.09.2011). Es gelten die Bedingungen der Creative Commons „Namensnennung-Weitergabe unter den gleichen Bedingungen 3.0 Unported" Lizenz (Creative Commons-Lizenz), http://creativecommons.org/licenses/by-sa/3.0/deed.de

Abb. 2: Schloss Chinon © beim Autor

Abb. 3: Reste des Saals im Schloss Chinon © beim Autor

Abb. 4: Croquant, Jeanne d'Arc-Statue von Denis Foyatier 1855, Wikipedia (09.09.2011). Es gelten die Bedingungen der Creative Commons-Lizenz 3.0 Unported, 2.5 Generic, 2.0 Generic und 1.0 Generic.

Abb. 5: Jeanne d'Arc-Statue in Colmar © beim Autor

Abb. 6: Yann Grossel, Kathedrale „Notre-Dame de Reims", Wikipedia (05.09.2011). Es gelten die Bedingungen der Creative Commons-Lizenz 3.0 Unported.

Abb. 7: Brief der Jeanne d'Arc an die Bürger von Reims, Sully, 28. März 1430, picture-alliance / akg-images

Abb. 8: Jeanne d'Arc / Randzeichnung um 1429 im Journal des Clément de Fauquembergue. Paris, Archive Nationales, picture-alliance /akg-images

Abb. 9: Jeanne d'Arc, französische Buchmalerei um 1505 aus: Antoine Dufour, Vie des femmes celebres. Ms. 17, Nantes, Musée Thomas Dobrée, akg-images / Erich Lessing

Abb. 10: Ingrid Bergman als „Johanna von Orleans" (Film, USA 1948), picture-alliance / akg-images

Abb. 11: Milla Jovovich als „Johanna von Orleans" (Film, Frankreich 1999), picture-alliance / Photoshot

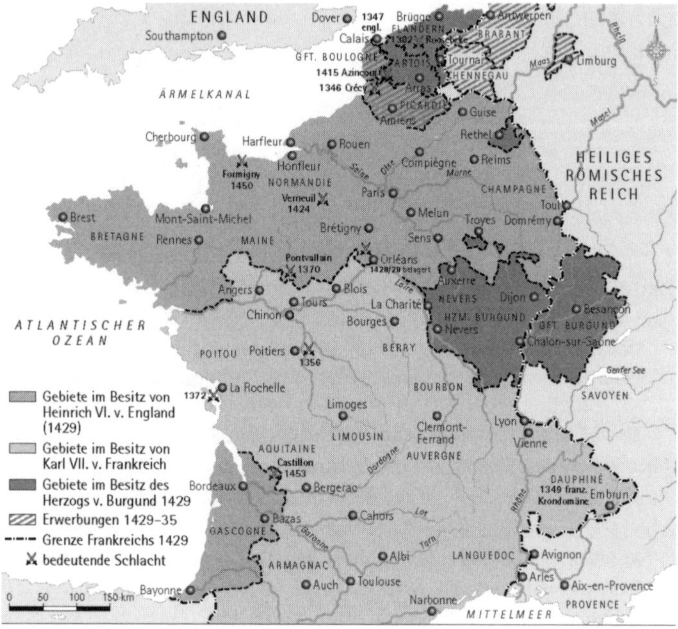

Karte 2: Frankreich um 1429